中公新書 2626

佐藤千登勢著

フランクリン・ローズヴェルト

大恐慌と大戦に挑んだ指導者

中央公論新社刊

はじめに

フランクリン・D・ローズヴェルト（1882〜1945）は、アメリカ史上ただひとり、4選され、12年の長きにわたり政権を担った大統領である。その12年間は、大恐慌と第二次世界大戦というふたつの危機に見舞われた激動の時代であり、ローズヴェルトはそうした危機に果敢に挑んだ指導者だった。

民主党の候補として共和党現職のフーヴァーを破り、大統領に就任した1933年3月は大恐慌の只中《ただなか》にあり、アメリカ経済は未曾有《みぞう》の景気後退に見舞われていた。工業生産は3分の1以上減少し、失業率は25%にも達しており、りんごを売って日銭を稼いだり、物乞《ものご》いをする人が路上にあふれていた。つい数年前まで繁栄を謳歌《おうか》していたアメリカ人は奈落《ならく》の底に突き落とされ、完全に自信を喪失していた。

そこに救世主のように現れたのがローズヴェルトだった。彼は大統領就任式で、「我々が恐れなければならないのは、恐怖心そのものだけだ」と述べ、勇気を持って立ち向かえば、大恐慌は必ず克服できると国民を鼓舞した。国家の緊急事態に対処するために行政府の権限をかつてないほどに拡大し、「ニューディール」（新規まき直し）とよばれる大胆な政策を実施することで、経済の立て直しを図った。その政策は、景気回復や失業者の救済にとどまらず、国民に安定した生活を保障するという観点から、労働法や社会保障法の制定にも及び、構造的な改革が進められた。

こうした政策は今日、私たちの目には当たり前のことのように見えるが、当時のアメリカでは、非常に斬新《ざんしん》で目新しいものであった。そのため、機会均等と自助努力を是とするアメリカの伝統的な価値観からかけ離れた政策だとして、批判する者も少なくなかった。また、ローズヴェルトの政策は、大恐慌への対症療法的な性格が強く、体系的な政治思想が欠如しているといった批判も根強くあった。

だが、ローズヴェルトは、批判をかわす能力に長《た》けていた。現代に比べると、メディアの選択肢がはるかに少ない時代に、コミュニケーション能力を遺憾《いかん》なく発揮して、国民の信頼を勝ち取った。「炉辺談話《ろへん》」というラジオ番組で、「父親のような」語り口で自分の考えを国民に説明したり、ホワイトハウスに新聞各紙の記者を集めて定例の会見を開いて、ユーモアたっぷりに政策を披露したりした。

ローズヴェルトは、とりわけ労働者や移民、マイノリティーの間で絶大な人気を博した。

彼は、保守的な南部民主党への配慮から、リンチを取り締まる連邦法や公民権法の制定には消極的であった。しかし、生活に困窮していた多くの黒人が、ニューディールの失業対策などの受益者となり、ローズヴェルトを熱烈に支持した。リベラルな政党としての民主党の支持基盤は、この時期に確立され、今日まで続いている。

1939年9月にヨーロッパで第二次世界大戦が勃発《ぼっぱつ》すると、ローズヴェルトは表向きは中立を保ちながらも、イギリスをはじめとする連合国側への支援を拡大していった。その結果、平時でありながら、軍需品の生産を増やし、選抜徴兵制度を導入するという、常識的にはありえない状況が生み出された。共和党を中心とする孤立主義者は、こうした事態を厳しく批判したが、ローズヴェルトは、アメリカの強大な軍事力と生産力をもって連合国を支援しなければ、ヨーロッパ全体がナチス・ドイツに支配されてしまうのだと繰り返し国民に訴えて、世論を動かした。

フランクリン・D・ローズヴェルト

1941年12月に日本の真珠湾攻撃によってアメリカが参戦すると、ローズヴェルトは、「民主主義を守るための戦い」を指揮する最高司令官となった。ニューディールは、景気を大恐慌以前の水準まで回復させることができなかったが、戦時下での軍需生産の増大は、またたく間にアメリカ経済を浮揚させた。戦争への協力を求められた国民は、ファシズム対民主主義の戦いという大義の下で一丸となった。

1930年代には、ほとんど内政に専念していたローズヴェルトは、参戦によって一躍、国際舞台に躍り出た。イギリスのチャーチルとソ連のスターリンとともに戦略を練り、戦後世界を構想する姿は、水を得た魚のようだった。

ローズヴェルトは、ドイツはもとより、イギリスとフランスにも植民地を放棄させること、自由貿易を推進してアメリカの覇権を確立すること、連合国が中心となって国際連合を設立し、それを軸に「ひとつの世界」を作り出すことを目指していた。

しかし、ローズヴェルトは、連合国の勝利を見届けることなくこの世を去ってしまった。その突然の死は、国内外に衝撃をもたらした。彼のいない戦後を、誰も想像することができなかった。ローズヴェルトの死後、人々は問い続けた。もし、彼が生きていたなら、戦後、米ソの対立は回避され、別の世界が生まれていたのだろうかと。ローズヴェルトは、戦後のアメリカが世界において果たすべき役割を明示しながら、そこへアメリカを導くことなく逝った指導者だった。

ローズヴェルトは、大恐慌と第二次世界大戦というふたつの危機を通じて、アメリカの理想や希望を、どのように描いていたのだろうか。本書は、ローズヴェルトの生涯をたどり、彼が生きた激動の時代を振り返ることによって、この指導者の実像に迫っていく。

目次

フランクリン・ローズヴェルト　大恐慌と大戦に挑んだ指導者

第1章　名門に生まれて

ハイド・パークのローズヴェルト家

フランクリン・D・ローズヴェルトは、1882年1月30日にニューヨーク州のハイド・パークという小さな田舎町で生まれた。そこは、マンハッタンから100キロほど北上した、ハドソン川沿いの緑豊かな土地で、生家はスプリングウッドとよばれる広大な邸宅だった。近隣には由緒ある旧家の屋敷が散在し、美しい田園風景に溶け込んでいた。

ローズヴェルト家は、植民地時代にアメリカに移住した裕福なオランダ人の末裔《まつえい》だった。家系をたどると、1640年代にオランダからニューアムステルダム（今日のニューヨーク

ハイド・パークの生家

市）に移り住み、1652年頃、マンハッタンに土地を購入したクラース・マールテンゼン・ヴァン・ローゼンヴェルトに行きつく。その息子であるニコラスの代に、名字をローズヴェルトに変えたとされている。

ローズヴェルト家は、カリブ海の西インド諸島から砂糖やラム酒を輸入する貿易商として財を成した。植民地時代のアメリカでは、宗主国であるイギリスが糖蜜《とうみつ》法や砂糖法を制定して、イギリス領以外の土地からアメリカへ輸入される品物に関税を課していた。ローズヴェルト家はそうしたイギリスの措置に反対する立場をとり、独立戦争では革命派についた。その功績が認められて、独立後は、ニューヨーク州議会の上院議員やニューヨーク銀行の頭取を輩出した。

ニューヨークの政界と実業界で名を成したローズヴェルト家は、18世紀に入るとふたつの系譜に分かれた。ジェイコブスは、ニューヨークのマンハッタンに広大な土地を所有していたが、それを売り払い、ハイド・パークへ転居した。大都会で多忙な生活を送るよりも、自然に恵まれた静かな土地で、ゆっくりと田舎暮らしをすることを好んだのである。その後、ジェイコブスの子孫は、ハイド・パーク系のローズヴェルトとよばれるようになった。

他方、ヨハネスは、マンハッタンにほど近いロングアイランドにあるオイスターベイという町に居を移し、事業を営むかたわら、ニューヨークの市会議員を務めた。こちらの一族は、オイスターベイ系のローズヴェルトと称されるようになり、ハイド・パーク系よりも総じて裕福で、軍人や発明家、著述家などを輩出した。そのひとりが第26代大統領のセオドア・ローズヴェルトである。

私のすべてはハドソン川に由来する

ハイド・パーク系は、フランクリン・ローズヴェルトの父であるジェームズの代になると、鉄道や石炭業、運河建設の企業の重役を務めるかたわら、先祖から受け継いだ土地や邸宅を管理する田舎紳士として悠々自適な生活を送っていた。ジェームズは、最初の妻を病気で亡くした後、周囲から再婚を勧められ、52歳の時に遠縁にあたるサラ・デラノを2番目の妻に迎えた。ジェームズと結婚した時、サラはまだ26歳で、親子ほどの歳の差があったが、夫婦仲はよく、結婚から2年後に待望の第一子を授かった。

ローズヴェルトは、たいへんな難産の末に、この世に生まれた。サラはクロロフォルムで麻酔をされて、陣痛が始まってから25時間後にやっと分娩《ぶんべん》した。赤子は仮死状態で生まれ、医師が人工呼吸をほどこして何とか蘇生《そせい》させた。４５００グラムを超える大きな男児だった。サラは、子どものいない叔父の名前をもらってフランクリンと名づけた。最初の出産時、母体への負担があまりに大きかったため、もうこれ以上子どもを生まないように医師はサラに忠告した。サラはその忠告を守り、ローズヴェルトはひとり息子として大切に育てられた。

幼い頃のローズヴェルトと父との関係は、愛情に満ちたものであった。父は前妻との間に息子がひとりいたが、50歳を過ぎて生まれた孫のようなローズヴェルトを溺愛《できあい》した。幼い頃から、銃を与えて射撃を教えたり、乗馬やヨットの手ほどきをしたりして、男らしく振る舞うことを教えた。ローズヴェルトは後年、「私の性格のすべては、ハドソン川に由来する」と回想しているが、この言葉は、自分のすべてを受け入れてくれた優しい父の思い出とともに語られている。ハイド・パークの由緒ある旧家に伝わる伝統と格式を受け継ぎ、何の不自由もなく育ててもらったことへの感謝がそこに表れている。

だが、最愛の父は、ローズヴェルトが９歳の時に心臓発作を起こし、その後は狭心症を患い、床に伏すことが多くなった。そのため10代になると、父と行動する機会はめっきり減ってしまった。父の健康状態が思わしくなく、常に安静が必要であることを子どもながらに理解し、発言や行動を抑えるようになった。高齢で病を抱えている父を気遣い、父を怒らせたり悲しませたりするようなことは決して言わない子どもになった。

通常、息子は成長するにつれて、母親の愛情と庇護《ひご》を求めて、意識的にであれ無意識的にであれ父親をライバルと見なし、対立するものである。しかし、ローズヴェルト家では、父が高齢で早くから病に伏していたため、父と息子の間に対立が生じることはなかった。ローズヴェルトには、幼い頃の優しく寛大な父の記憶だけが残され、生涯を通じて父を理想的な男性として思慕した。

父ジェームズと生後16か月のローズヴェルト

それに対し、母であるサラとの間には、愛情と葛藤《かっとう》が入り混じった複雑な関係が生まれた。母は、高齢で病気を抱えた夫には、何の期待もできないことを早くに悟り、夫への愛情に代えて、ひとり息子の育児にすべてのエネルギーを注いだ。当時、裕福な家庭では、子どもが生まれると住み込みの乳母を雇い、育児のほとんどを任せるのが常だったが、サラは朝から晩まで自分で息子の面倒をみた。食事を与え、入浴させ、

母サラと

洋服を選んで着替えさせ、散歩に連れて行き、本を読み聞かせ、寝かしつけた。息子を溺愛し、過保護であっただけでなく、強い性格で息子のすべてをコントロールしようとした。

このように育てられたローズヴェルトは、成長するにつれて母の過干渉をうとましく思うようになった。しかし、同世代の女性のように、愛情に満ちた結婚生活を長く送ることができなかった母の心情を察し、反発を可能な限り表に出さないように努めた。ひとり息子として、愛情を一身に受けている自分が逆らえば、母がいたく傷つくであろうことを幼いながらに理解していた。面と向かって反抗しては、母があまりにかわいそうだし、自分がそうした態度をとることは、高齢で病身の父をも悲しませることになると思っていた。

こうした自制心から、自分の内面の感情を押し殺し、親の言うことに素直に従うよい息子を演じるようになった。後年、表向きは誰にでも気さくで友好的だが、内心は何を考えているのかわからないと、しばしば評されたが、こうした性格は彼の幼少期の経験に起因すると思われる。

当時の富裕層の子どもがそうであったように、ローズヴェルトも14歳までは学校へ行かず、家庭教師について学んだ。幼少期の一日は、規則正しく単調だった。朝は7時に起床し、8時に朝食をすませると、9時から12時まで家庭教師について勉強した。その後、1時間ほど遊んでから午後1時に昼食をとり、再び4時まで家庭教師と勉強し、6時の夕食まで自由時間が与えられた。家庭教師は、歴史、文学、地理、化学、算数、ラテン語、フランス語、ドイツ語などの学科を教えた。それ以外にも、テニス、ピアノ、ダンスをそれぞれ先生について習った。

ローズヴェルトは、毎日、両親や家庭教師、使用人など大人に囲まれて過ごした。近所に住む裕福な家庭の子どもたちやいとこなどを除いて、同年代の友達はほとんどいなかった。しかし、彼にとってはそれが普通であり、遊び相手がいないことを特段、寂しいと思うこともなく、ひとりで楽しむことができる趣味をいくつも持っていた。

なかでも、切手の収集は、ローズヴェルトが生涯にわたって続けた趣味だった。アメリカのみならず世界各国の切手の収集に精を出し、150冊のアルバムに100万枚以上を集めた。また、幼い頃から鳥類に関心を持ち、鳥の巣や卵を集めていた。父に小銃を買ってもらうと、家の近くでさまざまな種類の鳥を撃ち、それを自分で剝製《はくせい》にして飾った。ヨットにも興じ、父が所有していたヨットで操縦を習った。16歳になるとニュー・ムーンというヨットを買ってもらい、操縦だけでなく修理やメインテナンスも行うようになった。毎年夏になるとカナダのカンポベロ島の別荘へ行き、毎日ヨットに乗った。自分で海図を読み、潮の流れや風向きを見ながら、気の赴くままに航海した。ローズヴェルトの大海原への愛は生涯続いた。

人格形成

ローズヴェルトの人格形成については、これまで多くの歴史家が関心を寄せており、さまざまな見解が出されている。だが、少なくとも先に述べたような父母との関係や、子ども同士のけんかや衝突をほとんど経験しないまま幼少期を過ごしたことが、彼の人格形成に少なからぬ影響を与えたことは確かであろう。幼少期に身につけたのは、子どもらしい感性ではなく、常に周りの大人の表情を読み、どうすれば喜んでもらえるかを即座に判断する感性だった。

兄弟や親しい友達がおらず、両親に溺愛されて育ったため、自分を客観視することができないという面もあった。そのため、過度な自信を持ち、他人に批判されると過剰なまでに反応する傾向があった。ローズヴェルトは、自分への批判を耳にして激怒し、批判した者を決して許さないことが多々あったと言われているが、そうした柔軟性や寛容さに欠けた性格は、幼少期の人間関係によるところが大きいのではないかと考えられる。

両親は、こうした息子の性格を気にかけていないわけではなかった。閉鎖的な人間関係の中で成長している息子の視野を少しでも広げようと、機会があるごとに外の世界へ連れ出した。父の健康状態が許す限り、家族3人で旅行に出かけて、さまざまな体験をさせた。

特に両親が好んだのが、ヨーロッパ旅行だった。ローズヴェルトが2歳の時に初めて家族で大西洋を渡り、その後、7歳から15歳までの間、毎年、数か月間をヨーロッパで過ごした。当時のアメリカの上流階級は、家族で毎年のようにヨーロッパを旅行して、子どもに西欧の伝統的な文化に触れさせることを一種のステータス・シンボルと見なしていたが、ローズヴェルト家もその例外ではなかった。両親は、息子がヨーロッパの言語や文化に直接触れて、それに親しむことは、将来、紳士としての教養を身につける際の素地になると考えていた。

子どもの頃のヨーロッパ旅行のエピソードの中で、一風変わったものがある。それは、1892年に父の療養をかねて、しばらくドイツにいた時のことであった。ローズヴェルトは、湯治場として有名なバート・ナウハイムに滞在し、短期間、地元の小学校に通った。そこで簡単なドイツ語を覚えて、放課後には自転車に乗って近くの森を探検して遊んだ。ある日、森の中で野生のサクランボを採って食べていると、警官に呼び止められた。警官は、無断で道端に自転車を停めてはいけないと咎《とが》めたのだったが、当時、10歳だったローズヴェルトは、警官に叱《しか》られたことがとてもショックだった。ローズヴェルトは、この出来事を、その後ずっと覚えており、何度も人に話している。ジャーナリストのジョン・ガンサーは、このエピソードを引き合いに出して、ローズヴェルトは子どもの頃から、ドイツによい感情を持っていなかったのではないかとしている。

グロートン校で学ぶ

ローズヴェルトは、14歳になって初めて学校へ通うことになった。入学したのは、グロートン校という私立の男子校で、マサチューセッツ州のボストンから北へ70キロほど離れたところにあった。全校150人程度の小規模な全寮制の学校で、6年制の一貫教育を行っていたが、ローズヴェルトは2年次に編入を許されて、卒業までの4年あまりをそこで過ごした。

グロートン校は、パブリック・スクールとよばれるイギリスの名門の寄宿学校をまねて、アメリカの富裕層の子弟のために設立された学校だった。創立者は、サミュエル・E・ピーボディーというエピスコパル派の牧師であり、1884年の創立以来、校長を務めていた。エピスコパル派は、アメリカ北東部の富裕層に多くの信者を持つ、比較的リベラルな宗派である。

グロートン校は、公共に奉仕する紳士を養成することを目標として掲げていた。勉強以上に重視されたのは、キリスト教の倫理に基づいた人格陶冶《とうや》と肉体の鍛錬だった。19世紀半ばからイギリスのパブリック・スクールで教育方針として取り入れられてきた「筋肉的キリスト教」が目指すべき理想とされ、強靭《きょうじん》な身体を持ち、清廉《せいれん》で道徳的で信仰心が篤い男性になるために日々、自己鍛錬を積むことが求められた。

ローズヴェルトの父は、息子が将来、自分の跡を継ぎ、ハイド・パークの邸宅と広大な土地を管理することを期待しており、紳士としての教養と人格を身につけるには、グロートン校の教育が最適であると考えていた。生徒は、みな裕福な家庭の子弟だったが、入学の選考を通るには、親の経済的な状況よりも、その家の血縁や婚姻関係と社交界での評判が重視された。ローズヴェルトの場合は、オイスターベイ系の遠縁であるセオドア・ローズヴェルト（当時はニューヨーク市の公安委員長を務めていた）が、ピーボディー校長の親友であり、セオドアの4人の息子も同校に通い、学校に多額の寄付をしていたので、難なく入学を許可された。

ローズヴェルトにとって、グロートン校への入学は、常に母の監視の下に置かれている生活から抜け出すことができる、待ちに待ったチャンスだった。だが意外なことに後年、グロートン校時代を懐かしむことはほとんどなかった。

その理由のひとつとして考えられるのは、編入生だったことである。ほとんどの生徒は、ローズヴェルトよりも2年早くグロートン校に入学しており、すでに友達の輪ができていたため、中途入学のローズヴェルトは交友関係でたいへん苦労した。仲間に入れてもらうために、アメリカン・フットボールや野球など、さまざまなスポーツに参加して、自分なりの努力をした。だが、背が低く、同学年の少年たちに比べて体格で劣っていた上に運動神経もよくなかったため、すべては徒労に終わった。

学業に関しては、幼少期から家庭教師について学んでいたので、初等教育レベルの学習は終えていた。しかし、グロートン校ではかなり高いレベルの授業が行われており、凡庸な成績しかあげることができなかった。成績は、20数名のクラスのほぼ真ん中で、卒業時の成績はラテン語と英語がB、物理がC、社会がBといった調子だった。勉学に熱心に取り組むことはなく、学業で注目されることはなかった。

在学中、教師から褒められたのは、規律を守り、時間に正確で、生活態度がきちんとしているといったようなことだけだった。校長のピーボディーも、「標準以上の知能を持った物静かでほとんど問題のない少年で、学年でも悪くはない席次だったが、決して非常にきれるといったタイプではなく、運動面でもほとんど成功のチャンスはない」と評していた。

自宅を離れて寄宿舎で暮らすようになったローズヴェルトは、両親に必ず週に2回、手紙を書き、近況を知らせた。父母へ送った手紙は、学校生活に関する表面的な報告に終始しており、すべてが楽しく自分はうまくやっていると、かなりの誇張を含めて書き送っていた。親にあてた手紙で、自分が困っていることや悩んでいることを伝えることはなかった。親をがっかりさせたり、悲しませたり、心配させるようなことは徹底的に隠し通し、自分自身の心の中にしまった。

遠く離れた息子のことを、母は片時も忘れることはなく、溺愛のほどはむしろ以前よりも増した。息子からの手紙が一日でも遅れると学校へ電報を打って、具合が悪いのではないかと問い合わせた。心臓の悪い夫を家に残して、母は頻繁《ひんぱん》にグロートン校を訪ね、息子に面会した。その過保護ぶりには、教師たちも驚いたという。

グロートン校の生徒たちは、母親の庇護の下にあるローズヴェルトに冷ややかな視線を送っていた。イギリス流の紳士のマナーに従って、誰にでも笑顔でフレンドリーに接し、不愉快なことがあっても決して嫌な顔を見せないように訓練されていたため、面と向かっていじめたり、からかったりすることはなかった。

しかし陰では、彼を「フランクおじさん」というあだなでよび、あざ笑っていた。それは、高齢の父親の影響もあり、時代遅れで垢《あか》抜けない雰囲気からつけられたあだなだった。学友たちから嫌われていたわけではなかったが、同年代の少年から見れば、ローズヴェルトは母親の絶対的な支配下にある「マザコン」であり、親の溺愛を甘受している幼さを学友たちは軽蔑《けいべつ》していた。

だが、グロートン校時代のローズヴェルトについて、特筆すべきことが何もなかったわけではない。在学中には弁論大会に何度か出場し、演説の基礎を学んでいる。取り上げたテーマは、当時、注目されていた移民制限、ハワイの併合、フィリピンの独立といった時事的なトピックであった。演説は拙《つたな》いものであったが、移民を制限するための法改正に反対し、ハワイ併合に異議を唱え、フィリピンの独立を支持するといった内容に、ガンサーは、ローズヴェルトの「進歩的な考え方の萌芽《ほうが》」を見ることができるとしている。

セオドアへの憧れ

グロートン校に在学している間に、オイスターベイ系の縁戚《えんせき》にあたるセオドア・ローズヴェルトが海軍次官に任命され、米西戦争で活躍したことは、ローズヴェルトに少なからぬ影響を与えた。セオドアは、荒馬騎兵隊という義勇軍を結成してキューバで戦い、一躍、国民的な英雄になった。グロートン校の生徒の間でも、セオドアは憧《あこが》れの先輩となり、ローズヴェルトは鼻が高かった。

この偉大な親戚にならって、自分も米西戦争に行くために海軍に志願しようと試みたこともあった。親や教師に内緒でグロートン校を抜け出して、友達とボストンへ行ったが、そこで猩紅熱《しょうこうねつ》にかかってしまい、結局、海軍には入隊できなかったという。これは後年、ローズヴェルトに従軍経験がないことをあげつらい、大統領としての資質に欠けると批判する人々に対して、決して自分が戦争を忌避《きひ》していたわけではないことをアピールするために語られた逸話である。これはまた、憧れのセオドアに少しでも近づきたいと切望していたグロートン校時代のローズヴェルトを物語るエピソードにもなっている。

この頃、ローズヴェルトは、大海軍主義を信奉していたセオドアにならって海軍拡張論者になった。アルフレッド・マハンの『海上権力史論』や『現在と将来におけるアメリカ海軍力の利害』を熱心に読み、軍艦の模型を集めるようになった。卒業後は、アナポリスの海軍士官学校へ入りたいと考えていた時期もあった。しかし、海軍に入ると家族と別れて暮らす期間が長くなるという理由で両親が強く反対したため、アナポリスへの進学は断念した。

グロートン校での4年間の生活の中で、何ものにも代えがたかったのは、校長のピーボディーとの出会いだった。ピーボディーは温厚だが、厳しく情熱的な教師であり、生徒たちは、親愛の情を込めて彼を「最後のスパルタ人」とよんでいた。ピーボディーは、公共への奉仕の重要性を説き、改革者たることを教えた。恵まれた境遇にある紳士の責務は、不遇な人々を助け、社会の水準を高めることにあると考えていた。ピーボディーは、ローズヴェルトの生涯にわたる師となり、心の支えとなった。

ピーボディーの教えに感化されて、ローズヴェルトは在学中に、グロートン伝道会という団体に入り、さまざまな奉仕活動に参加した。冬は南北戦争の退役軍人の未亡人である84歳の黒人女性の家で雪かきをして、暖房用の炭を運んだ。夏はニューハンプシャーでキャンプを設営し、スラム街の貧しい子どもたちを招待して、数日間ともに過ごした。裕福な家庭で何の不自由もなく育ったローズヴェルトは、こうした活動を通じて社会の底辺に暮らす人々に初めて接した。後年、ローズヴェルトは、「ニューディールの原理のあるものはグロートン校の精神に由来する」と回顧している。

ハーヴァード大学での学生生活

1900年の秋、ローズヴェルトはハーヴァード大学に入学した。グロートン校の21人の同級生のうち、二人を除いて全員がハーヴァード大学へ進学しており、進学先に特段の意味があるわけではなかった。当時のハーヴァード大学は、富裕層の子弟が学生の大半を占めており、特に成績が優れていなくても、入学することができた。最終学年になってもローズヴェルトは、進路について明確な希望を持っておらず、ただ無難に同級生と同じ進学先を選んだにすぎなかった。

マサチューセッツ州ケンブリッジで新生活をスタートさせると、裕福な家庭の子弟が入る寄宿舎であるウェストモーリィに住み、一日三度、寄宿舎の食堂でグロートン校の卒業生専用のテーブルで食事をした。ハーヴァード大学の学生になること自体が、エリートとして選ばれたことを意味していたが、その中でも、グロートン校の卒業生は別格だった。一般の学生とは距離をとり、上流階級の子弟からなる排他的な集団の中で毎日の生活を送った。

ハーヴァード大学には当時、ウィリアム・ジェームズ（哲学・心理学）、ジョサイア・ロイス（哲学）、ジョージ・サンタヤーナ（哲学）、A・ローレンス・ローウェル（法学）らの、そうそうたる教授陣がおり、勉学には最高の環境が整っていた。ローズヴェルトは、歴史と政治を主専攻に、英語と弁論術を副専攻にして授業を履修した。

しかし、グロートン校時代と同じように勉学に熱心に取り組むことはなかった。在学中には、ウィスコンシン大学から著名な歴史家であるフレデリック・ジャクソン・ターナーが客員教授としてハーヴァード大学に来た。ターナーはその頃、アメリカ社会の形成において西部にフロンティアが存在していたことの意義を説く「フロンティア学説」を唱えて注目されており、多くの学生がターナーの授業を履修した。ローズヴェルトも、ターナーの授業を履修登録した。だが、夏休みが終わって新学期が始まっても、カリブ海でクルージングに興じており、結局、大学に戻ったのは、授業の開始から1か月以上も経《た》ってからであった。当然のことながら出席回数が足りず、単位をとることはできなかった。

ローズヴェルトは、抽象的で論理的な思考を要する勉学に、ほとんど興味を抱くことはなかった。大学で積極的に学んだのは、以前から関心を持っていた海軍史や、実社会に出てから役立ちそうな経済学のような科目だけだった。大学での成績はCの少し上といったレベルであり、お世辞にも優秀な学生とは言えなかった。のちにハーヴァード大学時代の思い出として語っているのは、勉学ではなく、友人と行った悪ふざけの数々であった。退屈な講義が延々と続くイギリス史の授業では、教授が最初に出席をとったあと、学生に背を向けて板書している間に、窓から抜け出して遊びに行ったことを後年、懐かしげに回想している。

ローズヴェルトにとって、大学で最も大切だったのは、周りの学生から「一目置かれる」存在になることであった。そのためにまず、入学後すぐにアメリカン・フットボールのチームに入ろうとした。だが、体格が劣っていたため、体育会のチームには入部を許可してもらえず、結局、1年生しかいない弱小の下部チームに入ることになった。それでも、そのチームのキャプテンに選ばれたことを、父母にあてた手紙で誇らしげに報告している。

スポーツ以上に情熱を注いだのが、上流階級の学生との社交だった。高級なスーツと靴を新調し、それらを身に着けて、ボストンの上流階級出身の学友たちが週末に実家で開くディナーやダンスパーティーに参加した。そこで知り合った友人と、紳士にふさわしい趣味である狩りにも出かけるようになった。

また、大学の慈善団体に入り、恵まれない人々を助ける活動をした。だが、それも周りから慈悲深い好青年という評価を得るためであり、活動自体にそれほど強い関心を寄せていたわけではなかった。ローズヴェルトが理想としていた自己イメージは、人好きがして、感受性に富み、自信にあふれた男性であり、そうしたイメージに適《かな》うように自分を変えていくための努力を惜しまなかった。

父の死

ハーヴァード大学に入学して数か月後に、たいへん悲しい出来事が起きた。長年、心臓病を患っていた父が亡くなったのである。72歳だった。父は、ローズヴェルトが幼少の頃から、何度も心臓発作を起こし、病床に伏していたので、遠からずこの世を去ることは覚悟していた。しかし、実際に父が亡くなってみると、悲しみは想像以上に大きかった。父は地元の名士であったため、ハイド・パークで盛大な葬儀が執り行われ、多数の親族や友人、知人、使用人が参列した。葬儀が終わると、財産の相続に関する事務的な手続きや遺品の整理など、やらなければならないことが山のようにあった。しかし、広大な邸宅に取り残されたローズヴェルトと母は何も手につかず、涙に明け暮れた。

46歳で未亡人になった母は、父の死後、以前にも増して息子に愛情を注ぎ、支配するようになった。その後、母は再婚することもなく、ひとり息子の成功を唯一の生きがいにした。ハイド・パークの冬は、陰鬱《いんうつ》な雲が垂れ込めた日が何日も続き、寒さも厳しいため、かねてから母はボストンで冬を越すことを望んでいた。夫が亡くなると、母はそのプランを即座に実行に移した。ボストンには実家であるデラノ家の親戚や友人が住んでいるため、気を紛らわすことができるからと言って、自分の家を購入した。もちろん、母にとって、ボストンで生活する最大の理由は、息子のそばにいることができるからであった。ハーヴァード大学があるケンブリッジとボストンは5キロも離れておらず、ローズヴェルトは、週末になるとボストンの母の家に行き、一緒に過ごすようになった。

母は息子が来ると、大学で加入しているクラブや活動について、こと細かに尋ねた。そして、よいことがあったと報告すれば、大袈裟《おおげさ》にそれを褒め称《たた》え、うまくいかなかったことを話せば、巧みにその話題を回避した。母は、息子が同年代の他の青年よりも、はるかに多くの長所を持ち、才能にも恵まれているので、必ずや将来、立派な人物になると信じて疑わなかった。

編集長としての成功と社交クラブの落選

ハーヴァード大学で、ローズヴェルトが最も熱心に取り組んだのは、大学の日刊新聞である『クリムゾン』の編集者としての活動だった。ひらの編集部員からスタートし、その後、編集委員、編集長へと昇り詰めて、学生のスポークスマンとしての役割を担うようになった。

ハーヴァード大学の『クリムゾン』編集部員（前列中央がローズヴェルト）

『クリムゾン』の編集長になることができたのは、セオドア・ローズヴェルトとの縁戚関係によるところが大きかった。ハーヴァードに入学した時、セオドアは共和党のマッキンリー政権の副大統領を務めており、翌年、マッキンリーの暗殺に伴い大統領に昇格した。ローズヴェルトは、時の人であるセオドアの特集記事を書くなどして、編集部での地位を高めていった。

当時タブーとされていたエリオット総長とのインタビューに成功したことも、ローズヴェルトの編集者としての評価を高めた。『クリムゾン』の編集部は、1900年の大統領選挙で学長がどちらの候補へ投票するか質問状を出したが、学長は回答を拒否した。そこで、ローズヴェルトは、ある晩、突然、学長の邸宅を訪問し、共和党のマッキンリーと民主党のブライアンのどちらに投票するのかと単刀直入に尋ねた。学長は学生の突撃に驚き、共和党へ投票すると思わず答えてしまった。

ローズヴェルトは、これを記事にして翌朝の紙面に掲載し、学内で大きな反響をよんだ。全米の新聞もこのことを報道し、ローズヴェルトは大学新聞の名記者として一躍有名になった。この手柄によって、編集委員に選出され、さらに最終学年で編集長になった。編集長になることは、彼の悲願だった。それは、自分の行動力と統率力を誇示し、野心を満たすことができる最高のポストだった。

編集長としての1年間は、紙面を通じて、さまざまな要求を大学側に出した。例えば、キャンパスの中庭を横切る歩道を広げて、学生が歩きやすくすることや、寮の消火設備を改善することなどを求めた。学生の目線から大学に改革を求め、学生のリーダーとしての役割を全うしたと自負した。ローズヴェルトは、『クリムゾン』の編集長としての自分の手腕をその後、長年にわたって自慢した。

だが、こうした活躍とは裏腹に、大学時代には大きな挫折《ざせつ》も経験した。それは、ある社交クラブへの入会をめぐるものだった。当時、ハーヴァード大学での上流階級の子弟のランクづけは、どの社交クラブのメンバーであるかによってなされており、ローズヴェルトは、最も格式のあるポーセリアンへの入会を希望していた。父やセオドアをはじめ、親類の多くがポーセリアンの会員だったので、当然、自分も入会できるものと思っていた。しかし、最終的に選考で落とされ、ポーセリアンへの入会は叶《かな》わなかった。

今となっては憶測にすぎないが、選考に落ちた理由として、次のようなことが考えられる。まず、同時期にハーヴァード大学に在籍していた親類のタッドのスキャンダルが影響していたという説がある。タッドはローズヴェルトの異母兄の子どもにあたるが、在学中にハンガリー人の売春婦と蒸発し、行方不明になった。その後、タッドは父親に連れ戻されて勘当されたが、この事件は、名門の御曹司《おんぞうし》のスキャンダルとしてマスコミの格好の餌食《えじき》になった。こうした一族の醜聞がローズヴェルトの評価を下げ、ポーセリアンの選考に影響を及ぼしたという見方である。

その他にも、ローズヴェルトが表裏のある性格だと言われていたことや、おもしろみに欠けるとして、毛嫌いする者がいたため、ポーセリアンに入ることができなかったとも言われている。ローズヴェルト自身は、選考にあたる16人の上級生のうち5人がグロートン校の卒業生だったことから、この中に自分の入会を認めなかった者がいると確信していた。グロートン校ではあまりさえなかったのは確かだが、ハーヴァード大学に入学後は、社交性を身につけ、みなから好かれようと懸命に努力してきたにもかかわらず、過去の自分を知る人物が入会を阻んだのだと恨みを募らせた。

その傷は長い間、癒《い》えることはなく、ポーセリアンに入れなかったことが「私の人生で最大の落胆」であったと後年、回顧している。のちに妻になるエレノアも、ポーセリアンの選考に落ちたことが、ローズヴェルトに劣等感を植えつけたと指摘しているが、同時にそうした経験が疎外された者への同情につながったとも述べている。ポーセリアンの落選が、その後のローズヴェルトに何らかの影響を及ぼしたとすれば、その経験から、政治と権力に目覚めたことがあげられるだろう。権力は、育ちや物腰のよさだけでは獲得することができず、自ら求めなければ決して手に入らないという教訓である。常に野心を持ち、前に突き進まなければならないことを、ローズヴェルトはこの経験から身をもって知った。

エレノアとの出会い

大学在学中にローズヴェルトは人生の伴侶《はんりょ》に出会った。相手は、ふたつ年下のアンナ・エレノア・ローズヴェルト。エレノアは、セオドア・ローズヴェルトの姪《めい》であり、ローズヴェルトにとってオイスターベイ系の遠縁にあたる女性だった。オイスターベイ系とハイド・パーク系は、それほど親しい関係にあったわけではなく、二人は子どもの頃に親戚の集まりで何度か顔を合わせたことがあるといった程度の間柄だった。

エレノアの父はセオドアの弟にあたる。大統領にまで昇り詰めた兄とは対照的に、エレノアの父は事業に失敗し、酒におぼれたあげく、家を出て行った。残された母は、間もなく、ジフテリアで亡くなり、弟も同じ病で早世した。その後、父も死亡し、エレノアは10歳で身寄りがなくなり、母方の祖母にひきとられた。

エレノアは、父から多額の財産を相続していたため、経済的に困ることはなかったが、温かい家庭とは無縁の少女時代を送った。祖母から厳格にしつけられ、礼儀正しくしっかりした女性に成長したが、常に愛情に飢え、家族の不幸は自分に責任があると思い込んでいた。自分につらくあたった母を嫌い、父に対しては、不遇の人生を歩んだことを哀れみ、その弱さに同情していたが、幼い自分たちを見捨てたことを恨んでいた。そうしたやり場のない怒りは、エレノアの性格に暗い影を落としていた。エレノアは、自分が信頼できると判断した人には、過度に期待を寄せて親密につきあうが、次第にその人の本性がわかると、ひどく落胆し、裏切られた気持ちになった。誰に対する愛情も長続きしないことを嘆き、信頼した人には、結局、最後に裏切られるのだと思い込んでいた。

このような性格のエレノアを大きく変えたのが、15歳から3年間、イギリスのアレンズウッド校で受けた教育だった。同校はロンドン郊外に上流階級の子女のために設立された寄宿学校であり、先駆的な女子教育で知られていたフランス人のマリー・スーヴェストルが校長をしていた。エレノアは幼少の頃からフランス語を習っており、かなり上手に話すことができたので、スーヴェストルにたいへん気に入られた。エレノアは後年、アレンズウッドでの日々を、「私の人生で最も幸せな時代」だったと回想している。

スーヴェストルは、小説家で哲学者のエミール・スーヴェストルの娘であり、父からラディカルな思想を受け継ぎ、社会運動や労働組合の活動を支援していた。生徒には常に自分の頭で考え、自分の意見を論理的に表明するように求めた。生徒のレポートが首尾一貫していないと、クラスのみなの前でそれを半分に破いてみせるような厳しい教師だった。

アレンズウッドでは、生徒たちは制服を着て、厳しい規律を守らなければならなかった。入浴は週3回、10分間ずつと決められ、自室の引き出しがきちんと整頓《せいとん》されているか、定期的な点検があった。大半の生徒は、上流階級の家庭で甘やかされて育てられたため、こうした規律を嫌ったが、エレノアは違った。祖母の厳しいしつけのおかげで、何でも自分でする習慣が身についていた。

アレンズウッド時代についてエレノアは、「過去の罪や伝統から解き放たれて、新しい人生を歩んでいるという実感がありました。すべての不安を忘れることができたのは人生で初めてでした。ここでは、規則を守り、嘘《うそ》をつきさえしなければ、何も恐れるものはありませんでした」と回顧している。エレノアは、容姿の美しさと快活な性格、優雅で上品なマナーが重視される上流階級の生活よりも、誠実であることや知性を持つことが重んじられるアレンズウッドの生活の方が、自分にはずっと合っていると感じていた。エレノアは、アレンズウッドでリベラルな思想に目覚め、女性も独立した人格を持つべきだと教えられた。

ローズヴェルトとエレノアが急接近したのは、エレノアがアレンズウッドを卒業して帰国してから数か月後の1902年11月だった。ニューヨークの馬術競技会で二人は久しぶりに再会して、言葉を交わした。当時、ローズヴェルトがつけていた日記に、最初にエレノアが出てくるのがこの日である。

その頃、エレノアは、ニューヨークの社交界にデビューしたばかりであった。背が高すぎ、華やかさに欠けたエレノアは、ダンスも下手で社交界の花になることはなかった。だが、知的で自分の考えをしっかりと持っており、気さくでおもしろい女性だった。ローズヴェルトは、エレノアのそうしたところに惹《ひ》かれ、すぐに交際を申し込んだ。

エレノアは、イギリスから帰国後、慈善事業に取り組んでいた。なかでも、リヴィングストン街慈善協会の活動に力を入れており、マンハッタンのローワー・イーストサイドの貧しい移民が多く住む地域で、ユダヤ系やイタリア系の移民の子どもたちに体操とダンスを教えていた。エレノアと交際中にローズヴェルトはそこを訪れ、彼女のレッスンを見学した。その時、具合が悪くなった少女がおり、ローズヴェルトがその子を家まで送り届けることになった。

教えられた住所へ少女を連れて行くと、そこはテネメントとよばれる、スラムにあるぼろぼろの狭いアパートだった。ねずみがはい回る、朽ち果てた部屋に大家族がひしめき合って暮らしていた。あまりに劣悪な住環境を目の当たりにして、ローズヴェルトは「こんなひどいところに人間が住んでいるなんて信じられない」と驚いた。ローズヴェルトは、自分が全く知らない世界をエレノアが教えてくれたことに感謝した。

ローズヴェルトは、それまで女性との交際の経験がないに等しく、自分がエレノアに恋していることは、母にはもちろん、親友にも明かさなかった。エレノアは、優れた知性に加えて、しっかりとした考えを持っている女性だった。しかしその反面、シャイなところや精神的に不安定なところがあり、ローズヴェルトは自分が彼女を守ってあげなければならないと思うようになった。

結婚

だが、結婚に至るまでの道のりは、決して平坦《へいたん》ではなかった。1903年の末に、ローズヴェルトは意を決してエレノアと結婚したいと母に申し出た。しかし母は、エレノアが19歳、ローズヴェルトが21歳で、まだ結婚するには若すぎるという理由で許可しなかった。母は息子に1年間、よく考えるように告げた。母はエレノアが気に入らないというわけではなかったが、あまりに早いひとり息子の結婚を受け入れることができなかった。

母の許しを待つことができない二人は、その時、密《ひそ》かに婚約した。エレノアとの結婚を急いだ理由としては、次のようなことが考えられる。ひとつは、自分の家庭を持ち、独立することで、母の支配から逃れることを望んでいたことである。エレノアという伴侶を得て、母のコントロールから逃れ、一人前の男になりたいという願望がローズヴェルトには強くあった。

また、別の理由としては、大統領であるセオドアとの縁戚関係を強めたかったために、エレノアとの結婚を急いだのではないかという見方もある。エレノアは、「大統領のお気に入りの姪」であり、社交界でよく知られていた。だが、この頃のローズヴェルトは、政界に進出しようという野心はなく、セオドアとの関係が、自分の将来の出世に有利に働くといった打算的な考えが、どれほどあったのかは疑問である。

1904年12月にようやく母が根負けする形で結婚を認め、正式に婚約を発表した。名門ローズヴェルト家の二人の婚約は、地元紙で大きく報じられた。だが、新聞記事はどれも「大統領の姪エレノア」が結婚することを伝える内容であり、相手のローズヴェルトについては、『クリムゾン』の前編集長で、ニューヨーク・ヨットクラブの会員と簡単に紹介する

ウェディングドレスを着たエレノア（1905年）

程度だった。オイスターベイ系のローズヴェルト家の人々の間では、ハイド・パーク系は明らかに格下と見なされており、ローズヴェルト自身への評価も低かった。セオドアの娘であるアリスは、ローズヴェルトのことを「お母さん子の坊や」と陰口をたたき、エレノアにはもっとふさわしい男性がいるはずだと言っていた。

だが、エレノアの伯父であるセオドアは、二人の婚約を心から喜び、祝福した。婚約に際して、次のような手紙をローズヴェルトに送っている。「私はエレノアを実の娘のように思っています。（中略）君とエレノアは、真摯《しんし》で勇敢であり、互いに深く愛し合っていると信じています。輝かしい未来が二人の前に拓《ひら》かれていることでしょう。お二人の幸せを祈っています」。この頃、セオドアは、１９０４年の大統領選挙で圧勝して再選されたばかりだった。翌年３月の大統領就任式に、婚約中の二人を招き、家族のすぐ後ろに着席させた。こうした扱いは、ローズヴェルトの自尊心を大いにくすぐった。

二人は、1905年3月17日にニューヨークのエレノアの祖母の家で結婚式をあげた。200人以上が参列し、グロートン校の恩師であるピーボディーが牧師として式を執り行った。セオドアが立会人となり、盛大な式をさらに豪華なものにした。新婚旅行は、数か月かけてヨーロッパ各地をめぐった。帰国後二人は、ローズヴェルトの母が選んだマンハッタンのアパートで新婚生活をスタートさせた。

第2章　政治の世界へ

弁護士になる

ローズヴェルトは、エレノアとの婚約を公にする直前に、コロンビア大学のロースクールに入学した。特に、法律に興味があったわけではなかったが、法曹は当時の上流階級の青年が、自然の成り行きで選ぶ仕事のひとつであった。父が生前、ハイド・パークのローズヴェルト家の財産の管理をするには、弁護士の資格があるとよいと話していたことも、ロースクールへ行く動機になった。

ロースクールでも、熱心に勉学に取り組むことはなかったが、当時のニューヨーク州の司

エレノアとジェームズ、アンナとともに（1908年）

法試験はさほど難しくなく、ロースクールを卒業しないまま、1907年の春に司法試験に合格し、弁護士の資格を取得した。最初の就職先は、カーター・レディアード・ミルバーンという法律事務所だった。ニューヨークのマンハッタンにある有名な法律事務所で、クライアントには、J・P・モルガンやジョン・D・ロックフェラー、アメリカンタバコ社などが名を連ねていた。新米弁護士の最初の就職先としては、たいへん恵まれており、ローズヴェルトは、小さな訴訟の資料作りを担当した。

結婚生活は順風満帆だった。週日はマンハッタンのアパートから法律事務所へ通勤し、週末はハイド・パークへ戻り、親戚や古くからの友人と過ごした。長期の休暇には、カンポベロ島の別荘へ行き、ゴルフやテニス、乗馬、狩猟に興じた。1906年には、待望の第一子であるアンナが生まれ、その後、5人の男の子――ジェームズ、フランクリン（生後間もなく夭逝《ようせい》した）、エリオット、フランクリン・ジュニア、ジョン――が相次いで誕生した。ローズヴェルトは、子煩悩な父親になり、平凡だが幸せな家庭生活を送った。

その頃のローズヴェルトに、ひとつ悩みがあったとすれば、それは母と妻の関係だった。マンハッタンのアパートは、母の居住スペースとドアひとつでつながっており、食事も一緒で、新婚当初からほとんど同居と変わらない生活をしていた。結婚後も、家賃を母に払ってもらっていたので、こうした生活に文句を言うことはできなかった。妻のエレノアは、早くに両親を亡くしているため、結婚当初は、母親ができたことをたいへん喜んだ。姑《しゅうとめ》を実の母親のように慕い、何でもわからないことは相談した。姑の言うことに忠実に従い、夫を支えるために懸命に努力した。母とエレノアには性格上、似ている部分もあり、当初、二人はうまくやっているように見えた。

だが、結婚後も相変わらず母は息子を支配したがり、ローズヴェルトはいつも母の言いなりだった。母から妻を守ろうとはせず、母との対立を常に避けるような言動をとった。エレノアは、こうした夫の態度に不満を覚え、次第に姑に反抗的な態度を見せるようになった。ローズヴェルトは、妻と母の間で板ばさみになり、事あるごとに苦しい立場に追いやられた。

初めての選挙運動

ローズヴェルトの政界入りは、全くの偶然によるものだった。グロートン校で、公に奉仕することの重要性をピーボディーから学んだことや、ハーヴァード大学で、大学新聞の編集長として学生のスポークスマン的な役割を果たしたことは、政治に目覚める遠因にはなっていた。しかし、ゆくゆくは政治の世界に身を投じようという、具体的な人生設計があったわけではなかった。

最初の転機は1910年にやってきた。ニューヨーク州議会議員の選挙に際して、ハイド・パークのあるダッチェス郡で、民主党が若く有望な候補者を探していた。党の幹部は、地元ではよく知られている名家の御曹司であるローズヴェルトに白羽の矢を立てた。セオドア・ローズヴェルトは、前年に大統領としての任期を終えていたが、依然として高い人気を誇っていた。地元の政治家は、その名声にあやかって、「民主党のローズヴェルト」として彼を売り出そうと考えた。ローズヴェルト家は裕福なので、選挙費用を自分でまかなうことができ、さらに民主党に献金もしてくれるだろうという目論見《もくろみ》もあった。

ローズヴェルトにも、民主党幹部の思惑と合致する事情があった。まずこの頃、弁護士の仕事に飽き飽きしており、他に何か自分が一生懸命になれることを探していた。一説によると、当時、勤めていた法律事務所から、仕事ぶりからして、有能な弁護士にはなりようがないので、今のうちに辞めた方がいいという忠告が、本人にではなく、母親にあったという。その頃の自身を振り返って後年、自分は、「何か建設的なことをやりたがっている、金持ちのかわいそうな坊や」だったと自嘲《じちょう》的に述べている。

当時のアメリカの上流階級には、政治家は金と権力にまみれた汚い仕事であり、名家の出の者にはふさわしくないと考える風潮もあったが、ローズヴェルト家は違った。ローズヴェルトにとってニューヨーク州の上院議員に選出されるのは、たいへん名誉なことであり、敬愛する「伯父」のセオドアに一歩近づくことになると喜んで立候補することにした。

選挙区は、ダッチェス郡を含む広大な3つの郡にまたがっており、1か月の選挙期間ですべての地域を回り、できるだけ多くの有権者に顔と名前を覚えてもらわなければならなかった。「名門ローズヴェルト家の御曹司」という鳴り物入りで立候補したローズヴェルトは、とてつもなく派手な選挙運動を行い、有権者の度肝《どぎも》を抜いた。ニューヨーク州では、それまで自動車に乗って選挙戦を戦った候補者はいなかったが、ローズヴェルトは、真っ赤なマクスウェルのオープンカーを購入し、それに乗って選挙区を回った。英国風のおしゃれなスーツを着こなして貴公子然としたローズヴェルトが、赤い車に乗ってやって来るのを一目見ようと、行く先々で人々が殺到した。

ローズヴェルトは、政治には全くの素人で、政策は何もなかった。とにかく、できるだけ多くの有権者と直接言葉をかわすことで、自分に票を入れてもらおうとした。だが、しばらくすると、何か政策的なことを言わないと遊説にはならないことに気がついた。選挙区の有権者の大半は農民であり、抽象的な政策論争を展開するのではなく、何か直接、農民に関わる問題を取り上げるのがよいのではないかと考えた。

そこで思いついたのが、りんごの樽《たる》を96クォートの標準樽に統一するという提案だった。地元ではりんごの栽培が盛んだったが、農家は大きさがそれぞれ異なる樽にりんごを詰めて出荷しており、計量の際にトラブルが続出していた。みなが標準樽を使うようにすれば、計量から納品までスムーズにいくと考え、そのことを演説して回った。

農民の日常生活に直結する問題をわかりやすく論じ、解決策を提案することで、ローズヴェルトは有権者の心をつかんだ。上流階級の出でありながら、優しく気さくに声をかけてくれる「民主党のローズヴェルト」というイメージ戦略が功を奏して、好感度は高まった。こうした戦い方は、ハーヴァード大学で『クリムゾン』の編集長をしていた時の経験から得たものだった。大学新聞で、学生生活に直接関わる問題を取り上げて、多くの読者の関心を引くことができたように、樽の標準化を提案することで、農民の票を獲得したのである。こうしたアプローチは、のちの選挙戦でも力を発揮し、ローズヴェルトのひとつの政治スタイルになった。

選挙は接戦だった。ローズヴェルトは1140票差でニューヨーク州の上院議員に初当選した。選挙区からは長年、共和党の候補が当選していたため、ニューヨーク州の農村地帯の共和党支配に風穴を開けた新人として注目された。

ニューヨーク州上院議員として

ニューヨーク州議会の上院議員になったローズヴェルトは、家族を伴い州都のオルバニーへ転居した。2年間の任期中は、漁業、森林、鳥獣の各委員会に所属し、地元の経済や自然保護への関心を深めた。また、選挙戦から重視してきた、農民のための政策にも取り組んだ。議員としての活動を通じて、自分がこれまで当然だと思ってきたことが、普通の人々には当然でないことに気づいたという。ローズヴェルトにとって驚きだったのは、人々が日々の生活に「安定」を求めていることだった。

当時のローズヴェルトの政治的な関心は、1912年3月3日にニューヨーク州のトロイで行われた演説に明確に現れている。

なぜ、ニューヨーク州で今日、これだけ多くの農民が土地を手放しているのでしょうか。その答えは簡単です。50年前、あるいは100年前の土地の所有者が（中略）土地を疲弊させたからです。かつて土地は肥沃《ひよく》で農作業は簡単でした。そこで農民たちは豊かな生活を送っていました。しかしある時、洪水が来て、もはやその土地で何も作ることができなくなってしまいました。（中略）私は、共同体の自由を追求するには、まず、天然資源の保全に取り組まなければならないと考えています。

その頃、アメリカでは、自由放任主義がもたらしてきた社会の歪《ひず》みを、政府が介入することによって解決していこうとする革新主義が興隆していたが、天然資源の保全は、その中の重要な政策課題だった。ローズヴェルトはこの演説で、地元の農民が直面している農地の問題と、当時はやりの天然資源の保全というテーマを結びつけて論じ、州政府の主導によって、その問題を解決しなければならないと主張した。無秩序な「個人の自由」から、協調の精神に基づいた「共同体の自由」へと向かわなければならないという主張は、のちのニューディールにつながるものがある。

だが、ニューヨーク州議会でローズヴェルトが最も注目を浴びたのは、民主党内部での権力争いにおいてであった。当時、ニューヨーク州の民主党は、タマニー・ホールとよばれる派閥が牛耳っており、貧しい移民らの票を買収して政治を腐敗させていた。そこにボスとして君臨していたのがチャールズ・F・マーフィーというアイルランド系の政治家だった。その頃、連邦議会の上院議員は、各州の議会によって選出されており、マーフィーはその候補者としてウィリアム・F・シーハンを推した。シーハンは、ニューヨーク州議会の下院議員を長年務め、ニューヨーク州副知事も歴任したアイルランド系の大物政治家だった。

怖いもの知らずの新米議員であるローズヴェルトは、こうした人選に反旗を翻し、シーハンを引きずり下ろすための工作を始めた。以前からタマニー・ホールを敵視していた議員を「革新分子」として組織し、シーハンを上院議員に選ぶ投票をボイコットした。その結果、投票は定数不足で無効になり、シーハンは、混乱の責任をとって指名を辞退することになった。

まだ20代で当選から間もない新参者が、自分の党の幹部に反旗を翻すなど、若気の至りにもほどがあった。しかし、民主党のボスとの戦いに勝った新進気鋭の政治家として、ローズヴェルトは、州内はもとより、他州でも広くその名を知られるようになった。その後、1913年に合衆国憲法の修正第17条が成立し、上院議員は直接選挙で選ばれるようになったが、そのきっかけのひとつとなったのが、この時のローズヴェルトの行動だった。ガンサーは、これを、ローズヴェルトの反骨精神や優れた指導力が示された出来事として、高く評価している。

この時期に、ローズヴェルトは労働問題にも開眼したとされている。そのきっかけは、1

911年3月にグリニッチ・ヴィレッジで起きたトライアングル・シャツウエスト工場の火災だった。大規模な延焼により、146人の犠牲者が出たが、その大半は、縫製工場で働いていたイタリア系やユダヤ系移民の若い女性だった。彼女たちが職場から逃げ出すのを防ぐために、日ごろから建物の階段や出入り口のドアが封鎖されていた。そのため、火災が起きた時に避難することができず、多くの少女が焼死したのだった。

この火災のあと、ニューヨーク州では、他州に先駆けて労働時間の短縮や児童労働の廃止を定めた労働法や労働災害法、職場の衛生や安全に関する法令などが整備された。

ローズヴェルトは、女性と未成年者を対象に週54時間労働を規定したニューヨーク州法の制定は、自分が立役者であり、その経験が、ニューディールの労働政策に連なっていったとのちに語っている。

しかし、同法を成立させるためにニューヨーク州議会でロビー活動をしていたフランシス・パーキンズ（のちに労働長官として初の女性閣僚となる）によると、ローズヴェルトは、当時、そうした立法にほとんど関心を持っていなかったという。パーキンズは、ローズヴェルトが、金のつるの眼鏡を鼻にかけ、頭を後ろにそらせて人を見下したような視線を向ける、居丈高《いたけだか》な「坊や」だったと回想している。パーキンズは、ニューヨーク州の上院議員時代のローズヴェルトを知る人々は、将来、彼が大統領になるとは誰も夢想だにしていなかったと断言している。

ローズヴェルトは州上院議員時代に、のちに腹心の部下となる人物に出会っている。『ニューヨーク・ヘラルド』紙の記者をしていたルイス・マックヘンリー・ハウである。ハウは、新聞記者としてニューヨーク州議会を担当しており、シーハンに立ち向かうローズヴェルトを見て、インタビューを申し込んだ。その後、二人は意気投合して、親しくつきあうようになった。ハウは、初めて会ったその瞬間から、ローズヴェルトが将来、大統領になる素質があると見抜いていた。

ハウは、1年生議員のローズヴェルトにニューヨーク州の政治を一から教えた。また、公人としての発言や行動、メディアへの対応の仕方を伝授した。ハウは、たとえあることが嘘だとしても、「何度も言い続ければ、それが事実になる可能性がある」と説き、自分の言葉を人々に納得させる方法をローズヴェルトに徹底的に教えた。

海軍次官としての抜擢

ローズヴェルトは、1912年の州議会議員選挙で再選されたが、2期目を務めることはなかった。幸運のめぐりあわせで、海軍次官というニューヨーク州議会議員よりもはるかに魅力的な要職が回ってきたからであった。

1912年に行われた大統領選挙は、史上まれに見る混戦だった。共和党は再選を目指す現職のウィリアム・タフトを指名し、民主党はニュージャージー州知事のウッドロー・ウィルソンを候補に選んだ。二大政党の対立を複雑にしたのは、大統領を2期務め、引退していたセオドア・ローズヴェルトだった。彼は、2期目を終えた後、自分の後継者としてタフトを指名したが、保守的な政権運営に失望していた。そこで自分が再び大統領に返り咲くために、共和党の予備選挙に立候補した。共和党の指導部は、タフトの続投を望んだため、セオドアは指名を獲得することができなかった。するとセオドアは、革新党という第三政党から大統領選挙に出た。

ローズヴェルトは、妻の伯父のこうした常軌を逸した行動に困惑した。しかし、自身は民主党員であるため、当然のことながらウィルソンを支持し、熱心に選挙戦を手伝った。6月にはウィルソンを大統領候補として指名する民主党大会に出席するためにボルティモアへ赴き、党の幹部やウィルソンの支援者と知り合った。

その時に、民主党の有力な支援者であり、ノースカロライナ州で新聞社を経営していたジョセファス・ダニエルズと親しくなったことが、ローズヴェルトの政治家としてのキャリアに思わぬチャンスをもたらした。ダニエルズは、初対面でローズヴェルトをたいへん気に入り、意気投合した。ダニエルズは、その出会いを、ほとんど「ひとめぼれ」だったとのちに述べている。「ローズヴェルト」という家名に惹かれただけだという説もあるが、ダニエルズは、ローズヴェルトの快活で物怖《ものお》じしない人柄とウィルソン陣営のために懸命に働く姿に好感を持った。

その後、ダニエルズは、同じ南部人としてウィルソンの当選に多大な貢献をしたことが評価されて海軍長官に任命された。だが、ダニエルズはジャーナリストであり、海軍には全くうとかった。誰か海軍に詳しい側近をつけたいと考えていた矢先に思い当たったのがローズヴェルトだった。子どもの頃から船が大好きで、ヨットを操縦し、船舶や航海術に詳しい上に、海軍に関する書物を読み漁《あさ》っており、大海軍主義を信奉していると聞いていた。若くて陽気で、海軍に強い関心を持っているローズヴェルトならば、提督たちともうまくやっていけるだろうと考えて、海軍次官に抜擢《ばってき》した。

ローズヴェルトは、海軍次官への就任を打診されると、宙に舞い上がるほど歓喜した。それは、16年前にマッキンリー大統領の下でセオドアが就いたポストであり、彼の自尊心を大いに満足させるものだった。就任した日の夜には、母に「私はこの仕事を早く覚えるために蒸気機関のように仕事をしなければなりません」と手紙を書き、新しい職務に胸を躍らせていた。

海軍次官に任命された時点でローズヴェルトはまだ31歳の若さであり、ワシントンではほとんど無名の存在だった。だが、それから1年あまりで第一次世界大戦が始まり、一躍注目を浴びるようになった。海軍次官への就任は、その後のローズヴェルトの政治家としてのキャリアにおいて、非常に大きなステップになった。

海軍省での活躍と愛人問題

海軍省は、6万5000人の職員を抱える巨大な官庁だった。ローズヴェルトはそこで資材の購入や契約といった事務的な仕事をまず覚えた。海軍省の運営には将校が大きな権限を持っており、全米各地の海軍工廠《こうしょう》で働く労働者の賃金も将校が独断で決めることができた。ローズヴェルトは、こうした将校の独占的な権限に異議を唱えて、労働者の賃金体系を刷新するために、賃金の決定権を次官に与える指令を出した。将校たちは反発したが、労働者はこの指令を歓迎した。その後、7年半の間、海軍工廠では賃金をめぐる争議がひとつも起きず、ローズヴェルトは、それを自分の手柄だと自賛した。

ローズヴェルトは、自分が必要だと判断したことは規則や手続きを無視して即座に実行に移したので、上級将校の間では、長官のダニエルズよりも人気があった。また、海軍次官として、連邦議会の軍事関係の委員会で答弁する機会をしばしば与えられたが、海軍に関する数字やデータを細かく暗記しており、それに基づいて詳細な報告をしたため、抜群の記憶力と雄弁さで知られるようになった。

ローズヴェルトは、メディアの注目を浴びることを好んだ。艦隊の視察は、メディアに登場する絶好の機会だった。海軍次官として活躍する自分の写真が新聞に載れば、多くの人の目に触れて、自分を知ってもらえるチャンスになると考えていた。ウィルソン大統領は寡黙で、目立つことを好まなかったため、新聞記者には多くを語らなかった。ダニエルズもマスコミには冷淡だった。そのため、記者たちはローズヴェルトに情報を求めるようになり、質問に答えてくれる見返りとして、好意的に報道してくれた。

海軍次官時代のローズヴェルト

1917年4月にアメリカが第一次世界大戦に参戦すると、ローズヴェルトは海軍に一兵卒として志願しようと考えた。しかし、ウィルソン大統領とダニエルズから、「唯一の、そして最も役に立つ軍務は、今の地位にとどまることだ」と言われ、翻意した。その後は、アメリカ海軍を増強し、連合国に一日でも早い勝利をもたらすために職務に邁進《まいしん》した。ドイツの潜水艦に対抗するために快速駆潜艇《くせんてい》の建造計画を立てたり、北海で魚雷防御網を使用するために、迅速かつ的確な指示を出したことで高い評価を得た。

結局、ローズヴェルトは第一次世界大戦を挟んで7年以上、海軍次官を務めた。海軍省という巨大な組織の中で多くの部下を持ち、大戦中の海軍を動かした経験は、彼に大きな自信を与えた。また、大戦中の戦時経済は、政府の市場への介入を大きく認めるものであり、それが後年、ニューディールのモデルになったとも言われている。

この時期のローズヴェルトは、望みどおりの職務に就き、前途洋々の人生を歩んでいるかのように見えた。しかし、私生活においては、この間、深刻な問題が生じていた。ヨーロッパ戦線の視察からの帰国の途上、大西洋を横断する船の中で体調を崩し、自宅へ戻っても不調が続いた。スペイン風邪（インフルエンザ）に罹患《りかん》していた。普段は旅の荷物は自分で解くが、床に伏していたため、エレノアが代わりにスーツケースを開けて荷物の整理をした。するとそこには、かつてエレノアの秘書だったルーシー・マーサーから夫に送られてきたラブレターの束が入っていた。

それはエレノアにとって青天の霹靂《へきれき》だった。自分と仲のよいルーシーと夫が不倫関係にあるとは夢にも思ったことがなかった。とてつもない衝撃を受けたエレノアは、この時の気持ちを友人に次のように話している。「自分が生きている世界の底が抜けたように感じました。

私は初めて、自分自身と自分が置かれている状況、自分をとりまく世界に向き合うことになりました」。

エレノアは、ローズヴェルトにルーシーとの関係を問いただし、すべてを白状させた。そして、失われた信頼を取り戻すことは難しいと告げた。二人は離婚を考え、家族や親しい人たちに相談した。だが、母のサラは、離婚を認めなかった。もし離婚するならば、財産を相続させないと言い張った。ハウも離婚すれば、政界でのキャリアは終わりだと忠告した。結局、二人は離婚を思いとどまり、その後も夫婦として生活を続けることになった。だが、夫婦間の亀裂は修復されることなく、政治家とその妻というパートナーシップだけが残った。

ポリオによる闘病生活

ローズヴェルトは、1920年の大統領選挙で民主党から出馬したジェームズ・コックスの副大統領候補に選ばれ、海軍次官を辞任した。当時、まだ38歳の若さだったが、コックスと同じようにウィルソン派であり、名前が広く知られていたことで、候補として指名された。選挙戦ではコックスとともに、ウィルソンが行った革新主義的な政策の継続と国際協調を訴えたが、「常態への復帰」を掲げた共和党のウォレン・ハーディングに大差で敗れた。

選挙を終えると10年ぶりに民間人に戻った。ニューヨークへ戻り、再び弁護士として法律事務所に勤務するかたわら、保険会社の重役に就任した。エレノアとの関係は、もとに戻ることはなかったが、表向きは、子どもたちの笑い声の絶えない平穏な家庭生活が続いた。

毎年夏になると、カンポベロ島の別荘へ行き、家族とともにバカンスを楽しんだ。1921年の8月も、いつものように別荘で夏休みを過ごしていた。ある日、近くの海岸で子どもたちと水泳をして帰宅すると、いつになく身体が重く、だるさを感じた。しばらくすると激しい寒気に襲われ、高熱が出た。すぐに近所のかかりつけの医師をよび、診察を受けた。単なる風邪で、少し休めば回復するだろうという診断だった。

しかし、その後もなかなか熱が下がらず、エレノアは単なる風邪ではないのではないかと感じ、別の医師に診てもらうことを提案した。当時、ニューイングランドではポリオが流行しており、そのことがエレノアの頭の中にあった。エレノアは、ボストンから小児麻痺《まひ》性脊《せき》髄炎《ずいえん》の専門家であるロヴェット医師を急遽《きゅうきょ》、別荘へよび寄せた。

エレノアの懸念は、現実のものになった。ロヴェット医師は、ローズヴェルトがポリオに罹患していると診断した。ポリオは小児麻痺ともよばれているように、子どもがかかる病気だと思われていた。ローズヴェルトも、自分の子どもたちがポリオに感染しないように細心の注意を払っていたのに、自分が感染してしまったことに驚いた。

大人がポリオに罹患するのは珍しかったので、最初の医師が正しい診断を下すことができなかったことを、必ずしも責めることはできない。ただ、この経験は、ローズヴェルトに専門家への不信を抱かせることになった。のちに大統領に就任すると、多くの側近を抱え、さまざまな角度からの助言を求めた。側近を互いに競わせ、その中から最善と思われるものを選択して政策を決めた。こうしたやり方は、独断的な判断に陥ってはいけないという思いから来ており、自分が病気になって得た教訓のひとつであった。

病名が判明してからは、長く苦しい闘病生活が始まった。ロヴェット医師の紹介で、ドレイパー医師がローズヴェルトの主治医になった。彼は、今後、治療を続けても足の筋肉の大半が失われて、「腰から下は死んだ人間」になると宣告した。ローズヴェルトは、それまで自分が神から選ばれた人間だと信じていたが、この医師の言葉を聞いて、神から見放されてしまったと感じた。

だが、周りの人々はローズヴェルトを励まし続けた。夫の不貞に苦しめられてきたエレノアも、彼を不憫《ふびん》に思い献身的に看護した。腹心のハウも、ローズヴェルトを見捨てることはなかった。ハウは、いつか必ず政界に復帰するという目標を持つことが、病からの回復につながると信じていた。治療とリハビリを続けながら、できるだけ外の世界と関わっていくべきだと主張し、その手助けをすることが、自分の役目であると考えていた。

その後、懸命な治療の甲斐《かい》あって、病は少しずつ快方へと向かっていった。そして発病から1年後には、松葉杖《まつばづえ》を使いながら歩くことができるようになり、書類のやりとりなど簡単な仕事をいくつか再開した。医師も驚くほどの回復ぶりであり、ローズヴェルトの不屈の精神力と意志の賜物《たまもの》であった。

しかし、少しずつ良くなってきたといっても、主治医が最初に宣告したように「腰から下は死んだ人間」であることに変わりはなかった。足の筋肉はほとんど失われたままであり、子どもたちにキスをするためにかがむことも、祈りを捧《ささ》げるために跪《ひざまず》くことも、自分で服を脱いだり着たりすることもできなかった。誰かの腕にすがらなければ立ち上がることもできなかった。副木《ふくぼく》をつけて立っていることはできたが、「竹馬に乗った人間のよう」だった。移動する時は、松葉杖をつくか、車椅子《いす》に乗るか、誰かに抱いてもらうしかなかった。だが、自宅にいる時以外は、絶対に人前で自分を抱き上げてはならないと周りの者に厳命していた。

ウォームスプリングズでの経験

1924年になると、長い療養生活の転機になる出来事が起きた。ある日、ジョージア州のウォームスプリングズで、小児麻痺の少年が温泉に入り、リハビリを続けることで、病から劇的に回復したという話を伝え聞いた。ウォームスプリングズには、その地名の通り、温泉が湧《わ》き出ており、湯は温度が31度で鉱物塩を多量に含んでいた。その少年の話に興味を持ったローズヴェルトは、ウォームスプリングズを訪れ、試しに自分で温泉につかってみることにした。６週間滞在し、水中で身体を動かす体操を自分で考案して、毎日、温泉でリハビリを続けた。すると、徐々に足の指が力を取り戻すのを感じた。

その後、ローズヴェルトは、ウォームスプリングズに傾倒していき、ここをポリオの治療とリハビリの拠点にしたいと思うようになった。そして私財を投じて、ウォームスプリングズにあったリゾートホテルやコテージ、プールなどの不動産と１２００エーカーの土地を買い取り、地元の医師の協力を得て、ウォームスプリングズ財団を設立した。水治療と、心と身体を統一的に捉《とら》えるホリスティックな治療を組み合わせた方法が最も効果的であると考えて、それを実践するためのリハビリセンターを建設した。

ウォームスプリングズで療養中のローズヴェルト（1924年）

ローズヴェルトは、財団に総額20万ドルもの私財を投じた。父から相続した30万ドル相当の不動産を売却して得た資金を使ったため、母のサラは激怒した。5人の子どもたちを私立の学校へ行かせており、今後も多くの学費が必要なのに、いったいどうするつもりなのかとローズヴェルトに問いただした。しかし、結局、彼の熱意に根負けしてしまい、サラは自分の財産から孫の学費を出すことに同意させられた。

ローズヴェルトはウォームスプリングズでの経験を通して、多くのことを学んだ。ニューヨークの富裕階級の出身である彼にとって、南部の貧しい農村での生活は驚きの連続だった。保養地として当地を開発するにあたって、地元の労働者を雇ったが、その多くは黒人だった。南部の黒人と初めて親しく言葉をかわすようになり、彼らの生活がいかに貧しいものであるかを知った。かつてローズヴェルトは、南部の田舎に住む人々を軽蔑して「ヒルビリー」とよんでいたが、ウォームスプリングズの人々と親しくなるにつれて、過疎地の貧困や人種問題について理解を深めるようになった。また、他のポリオ患者とここで初めて出会い、病に打ち勝とうと懸命に努力している仲間を得て、大いに励まされた。

ローズヴェルトがウォームスプリングズを愛したのとは対照的に、エレノアは、あまりこの地を好まなかった。南部の農村での生活が退屈だということに加えて、人種差別が厳しく、白人の黒人に対する冷酷な扱いを見ることに耐えられなかったためであった。エレノアが夫に同行してウォームスプリングズに来ることはほとんどなかった。

エレノアが同行しないのは、ローズヴェルトにとっては好都合だった。コックスの副大統領候補として選挙戦を繰り広げていた時に、秘書として働いていたマルガリーテ・〝ミッシー〟・リーハンドとウォームスプリングズで逢瀬《おうせ》を楽しむことができたからである。ミッシーは長身で黒髪に青い目が魅力的で、機転がきき、ローズヴェルトが何を考えているのか、すぐさま理解することができる有能な女性だった。ローズヴェルトの闘病中も秘書として雇われていたので、表向きは、彼の仕事をサポートするためにウォームスプリングズを訪れていることになっていた。しかし、多くの人の証言から、二人が愛人関係にあったことは確かであり、ジャーナリストのジョナサン・オルターは、ポリオになっても、ローズヴェルトは性的な機能を失わず、妻以外の女性との関係を続けていたとしている。

ローズヴェルトは、いつか必ず政界に復帰してやるという強い意志を闘病中も持ち続けた。ハウの助けを借りながら、短い記事やエッセーを執筆したり、民主党の有力者と手紙で連絡をとり合ったりすることで、政界で忘れ去られないように努めた。

病を通じてローズヴェルトは、人間の苦悩がどのようなものであるかを学び、憐《あわれ》みの情を知った。精神的にも落ち着き、強い意志を持つことの大切さを学び、人間的に成長した。病気になる前は、乗馬、ゴルフ、テニス、ヨットなどに興じ、落ち着きがないほど活動的だったが、ポリオになってからは歩くことができなかったので、ひとりで静かに思いをめぐらせたり、他の人の話をじっくりと聞くようになった。ガンサーは、「脚でバランスをとることができなくなったが、心でバランスをとることを学んだ」と述べている。

ローズヴェルトは、ポリオを経験したことで、あらゆる恐怖を克服できると確信するようになり、楽観主義に貫かれた人物に成長した。後年、エレノアは、もしポリオにならなかったらローズヴェルトはその後どのような人生を歩んでいたと思うかという質問に対して、「それでも大統領にはなっていたでしょう。でも全く違うタイプの大統領になっていたと思います」と答えている。健康であれば1924年か1928年の大統領選挙に出馬して、共和党の候補に敗れていた可能性が高く、民主党が勢力を失っていた1920年代に政界から離れていたことが、結果として彼のキャリアを救ったとも言える。

大統領選挙での応援演説

病に倒れてから約3年後、ほんのわずかな時間ではあったが、ローズヴェルトは公の場に姿を現した。1924年の大統領選挙に際して、民主党の予備選挙に出馬することになったアルフレッド・E・スミスのために、ニューヨークのマディソン・スクェア・ガーデンで開かれた党大会で応援演説をしたのである。スミスは、ニューヨーク市出身のアイルランド系の政治家であり、ニューヨーク州知事を務めていた。

ローズヴェルトが、スミスの応援演説をするために会場に現れると、人々はどよめき、一斉に注視した。自分の演説の番になると、ローズヴェルトは松葉杖をつきながら壇上にあがり、ゆっくりと演壇に向かった。演壇にたどりつくと杖をかたわらに置き、勝ち誇った笑みを浮かべた。するとそれを見た聴衆は拍手喝采《かっさい》した。ローズヴェルトの復帰を歓迎する人々の温かい気持ちが会場にあふれていた。

久しぶりの演説だったが、力強い言葉で、スミスが革新的な州知事として多くの業績をあげてきたことを論じ、民主党の大統領候補にふさわしい人物だと述べた。この時、ローズヴェルトは、スミスを「政治という戦場の幸せな戦士」（イギリスの詩人ウィリアム・ワーズワースが、ナポレオン戦争で活躍した海軍提督ホレーショ・ネルソンを称えた言葉）とよんだことで、この演説は、「幸せな戦士」演説として知られるようになった。

スミスの応援演説をするローズヴェルト

しかし、スミスは予備選挙で敗退し、最終的に民主党の大統領候補として指名されたジョン・W・デイヴィスも、共和党のカルヴィン・クーリッジに大差で敗北した。しかし、この時の民主党の敗北によってローズヴェルトに対する評価が落ちることはなかった。スミスを応援し、印象的な演説を党大会で行ったことで、彼が病を克服しつつあり、遠からず政界へ復帰するであろうことを多くの人々に印象づけた。

次にローズヴェルトが公の場に現れたのは、それから4年後の大統領選挙の時だった。民主党では、ニューヨーク州知事のスミスが再び大統領候補として名乗りをあげており、今回もローズヴェルトは、スミスに乞《こ》われて応援演説をすることになった。依然として身体が不自由であるため、移動には困難が伴ったが、テキサス州ヒューストンで開かれた民主党大会に出向き、スミスを推薦するための演説をした。この演説は、ラジオで全米に放送され、多くの人々が耳を傾けた。親しみやすさが感じられ、マイクを通じた張りのある声は、ラジオを聞く人々に強くアピールした。

ニューヨーク州知事選挙

応援の甲斐あって、今回はスミスが民主党の指名を獲得し、共和党の候補であるハーバート・フーヴァーと争うことになった。スミスの指名を喜んだのもつかの間、ローズヴェルトに思いもかけない話が舞い込んできた。それは、スミスがニューヨーク州知事を退任するにあたり、ローズヴェルトを後継者にしたいという申し出であった。

当初、スミスは、ローズヴェルトが病気だという理由で、自分の後継者にはふさわしくないと見ていた。だが、大票田であるニューヨーク州の票を固めて、スミスを大統領に当選させるには、ローズヴェルトの力が必要であると党の執行部は考えていた。ニューヨーク州知事選にローズヴェルトが出馬し、大統領候補のスミスとともに手を携えて戦えば、相乗効果で民主党が勝てると幹部たちは判断したのである。

スミスの選挙区はニューヨーク市であるのに対し、ローズヴェルトはニューヨーク州の農村部を地盤としていた。スミスはアイルランド系のカトリック教徒であるが、ローズヴェルトは、プロテスタントで名門の出である。カトリック教徒がアメリカの大統領候補になるのは、スミスが初めてであり、前代未聞のことであった。カトリック教徒は、ローマ法王に忠誠を誓っていると見なされており、スミスが大統領になることに対して、有権者の間には強い拒絶反応があった。こうしたスミスに対する否定的な評価を和らげることができる人物として、ローズヴェルトが担ぎ出されたのである。

州知事選への立候補を要請されたローズヴェルトは、次のような理由から固辞した。まず、まだ46歳で州知事になるには若すぎる。加えて、ポリオの治療が終わっておらず、これからもウォームスプリングズで治療を続ける予定である。もしここで治療を止めてしまうと、再び歩くことは不可能になると医師から言われている。体調面での不安を残したまま、州知事の重責を担うことはできないとスミスに伝えた。

腹心の部下であるハウも出馬に反対した。体調面の問題に加えて、政治的な見通しから、今、州知事選に出るのは得策ではないと考えていた。ハウは、これからも好景気が当分の間続き、共和党政権は安泰であると予測しており、1928年にはフーヴァーが大統領に当選し、その後、2期8年間務めると見ていた。ローズヴェルトが、大統領になれるとしたら1936年まで待たなければならず、その前職としてニューヨーク州知事になるのであれば、逆算して1932年に立候補するのが最も望ましく、それ以前に行動を起こすべきではないと考えていた。

こうしてさんざん断りの連絡を入れたが、あろうことか本人の同意を得ないまま、10月に開かれた民主党の党大会で、ニューヨーク州知事候補に指名されてしまった。ローズヴェルトはその時、ウォームスプリングズに滞在しており、自分が指名されたことを新聞の報道で知った。こうした非常識なやり方に憤慨《ふんがい》し強く抗議した。

しかし、すでに党大会での投票は終わっているという理由で、結果を覆すことはできなかった。ローズヴェルトは、迷いに迷ったあげく、指名を受諾することを決意した。急遽、指名受諾演説をして、これまでニューヨーク州を正しい方向へ導いてきたスミス知事の業績を称え、革新の旗手として、州民の生活をさらに向上させるべく、彼の後継として州知事選に立候補することを宣言した。

ひとたび選挙戦が始まると、ローズヴェルトは全力で戦った。共和党は、彼のことを「障害者」「ジョーク」などと差別的な表現もまじえてあざ笑ったが、そうした声に真っ向から反論した。共和党の人々は、身体的な問題のために州知事の任務に耐えられないと自分を批判しているが、動作に多少不自由なところがあるだけであり、それ以外の点では全く問題がないと健康不安説を一蹴《いっしゅう》した。そして、自分は「身体を素早く動かすことができない」ので共和党員のように責任逃れをしたり、批判をかわしたりすることができないのだとジョークを飛ばした。

不自由な身体で一日数か所、多い時は6か所も回り、有権者の前で力強く演説した。久しぶりの遊説を大いに楽しみ、行く先々で人々と気さくに言葉をかわした。心配する母には、「あと6か月、選挙活動を続けることができれば、もう杖はいらなくなります」とユーモアを込めた手紙を書き送っている。11月に行われた州知事選の投票結果は接戦だった。史上まれに見る僅差《きんさ》でローズヴェルトは共和党の候補を破り、当選を果たした。9年ぶりの政界復帰だった。

大恐慌――ニューヨーク州知事として

1929年1月1日、凍《い》てつく寒さの中、州都オルバニーで就任式に臨んだ。施政方針演説の中で、ローズヴェルトはニューヨーク州について次のように述べた。

私はニューヨーク州の州民であることを誇りに思っています。それは（中略）この州の工業や商業、農業が発達しているからではありません。私が誇りに思うのは、この州の人々が、アメリカの他の州の人々よりも、現代の文明が作り出した「相互依存関係」に目を向けているからです。（中略）世界の他の国々に対して、ひとりひとりが責任を持ち、互いに助け合っていかなければ、我々の文明は続かないのです。

現代社会では、もはや人はひとりで生きていくことはできないのだから、さまざまな利害を調和させて、「相互依存関係」を維持しながら、安心して暮らすことができるようにしなければならない。そのためには、行政の近代化が必要であるというのがこの演説の趣旨だった。ローズヴェルトは、特定の利益を優先し、汚職の温床となってきた党派政治を批判し、自分の党や自分自身に都合のよいような政治を行うつもりはないと宣言した。

ローズヴェルトは、ニューヨーク州が平等でバランスのとれた進歩を遂げるようにするこ

ニューヨーク州知事として執務にあたるローズヴェルト（1930年）

とが自分の責務であると考えていたが、当時、州議会の上下院は共和党が多数を占めており、好景気も続いていたので、就任後はなかなか思い通りに施策を進めることができなかった。

ところが、就任から10か月ほど経った１９２９年10月24日に、ニューヨークの株式市場で株価が大暴落し、大恐慌が始まった。フーヴァー大統領は、景気後退は一時的なものであり、雇用はじき増加に転じると国民に説いたが、ローズヴェルトはそれにいち早く疑問を投げかけた。大恐慌がニューヨークで始まったことから、州民の不安は日に日に増大しており、積極的な対策を講じる必要があると即座に判断した。

地方レベルでの救済事業では、失業者に対応しきれないと考え、州の機関として臨時緊急救済局（ＴＥＲＡ）を設立した。州政府は、「慈善事業としてではなく、社会的義務として」失業者を救済しなければならないとした。ＴＥＲＡは全米で最初に活動を始めた、州営の失業救済機関となり、局長にはソーシャルワーカーであるハリー・ホプキンズが任命された。州議会は、TERAへ9か月で2000万ドルを支出し、その後は、州債を発行して3000万ドルの資金を追加した。

ローズヴェルトは失業者に直接現金を給付して生活を支援するやり方は、短期的には意味があるが、救済への依存を高め、結果として怠惰を助長することになると考えていた。そのため、公共事業を通じて政府が雇用を創出し、失業者に仕事を与える仕組みを作ることを重視した。TERAは、道路、上下水道、公園、公共施設などの建設に加えて、植林や土地の開墾といった事業に失業者を雇った。

さらに、緊急的な救済だけでなく、州レベルでの社会福祉プログラムの確立を目指した。そうした取り組みの中から、困窮している高齢者を救済するための老齢扶助制度がいち早く導入された。労使の拠出による失業保険制度の設立にも興味を示し、州の労働長官を務めていたパーキンズをイギリスへ派遣して、失業保険について調査させた。ローズヴェルトは、こうした施策を、「計画化」という言葉で表現した。「複雑な未来のために真の計画化が必要である。今は実験の時だ。（中略）こうした考え方を急進的などという言葉で斥《しりぞ》けないでほしい。昨日の急進は、今日の反動であることを忘れてはならない」と述べた。こうしたニューヨーク州知事時代の取り組みは、その後、ニューディールとして全国レベルで展開される政策の基本的な方向性を定めた。

エレノアの変化

州知事時代のローズヴェルトは、愛情深い妻とかわいい子どもたちを心の支えにしながら、職務に邁進しているかのように見えた。しかし、実際には妻との関係は完全に冷え切っており、幸せな家庭生活とはほど遠い毎日を送っていた。

ローズヴェルトがポリオにかかってから、エレノアは政治に強い関心を持つようになり、活動の場を広げていた。ローズヴェルトが州知事になると、エレノアは、オルバニーやニューヨークでフェミニズムや社会改革に熱心に取り組む女性たちと知り合い、リベラルな女性のネットワークに関わるようになった。なかでも、全国消費者連盟で消費者保護の活動をしていたメアリー（モリー）・デューソンとの出会いは、その後のエレノアの人生に大きな影響を及ぼした。デューソンは、ニューヨーク市女性クラブのメンバーであり、民主党の全国キャンペーン委員会の女性部を設立した人物であった。民主党への女性の支持を広げる活動を通じて、エレノアはデューソンと行動をともにするようになった。

さらにエレノアは、友人とともにニューヨーク市にあるトッドハンター女子校で歴史と政治を教えるようになり、女子教育への関心を深めた。エレノアは、冷え切った夫との関係をひたすら隠しながら、立派な州知事夫人を演じることに耐えられなくなっており、こうした自分の仕事に没頭することで、精神のバランスを保とうとしていた。

この頃のエレノアには、親しい男性がいた。ボディーガード役のアール・ミラーという警察官だった。若い頃は、ミドル級のボクサーであり、端正な顔立ちで、たくましい体つきをしていた。エレノアと同じように、ミラーも早くに両親を亡くしていた。また、結婚生活に恵まれなかったという共通点もあった。二人は出会ってすぐに意気投合し、乗馬やテニスに興じた。単なるボディーガードと州知事夫人にしては、あまりにも親密な様子なので、二人が恋愛関係にあると多くの人々が噂していた。だが、二人が本当にそうした関係にあったことを示す証拠はない。おそらく、女性の影が絶えない夫への当てつけという面もかなりあったのではないかと思われる。だが、少なくともミラーとともに過ごす時間が、エレノアにつかの間のやすらぎを与えていたことは確かである。

第3章　大恐慌に立ち向かう

1932年大統領選挙

ローズヴェルトは、かなり早い段階から、1932年に行われる大統領選挙の候補者として民主党の内外で注目を浴びるようになっていた。フーヴァー大統領が、大恐慌に対して無策であると厳しい批判を受けていたため、1932年の大統領選挙では、民主党が12年ぶりに政権を奪還するチャンスがあった。そのため民主党は、早くから候補者選びに着手しており、ローズヴェルトが、有力候補のひとりと目されたのである。これは、彼のニューヨーク州知事としての手腕が買われて、大統領になることが期待されていたという面もあるが、民主党の執行部が、若くてカリスマ性のある新人を担ぎ出したいと考えており、50歳になろうとするローズヴェルトの登場を待望する声が小さくなかったためであった。

それを受けてローズヴェルトは、1932年1月に大統領選に立候補することを正式に表明した。しかし、民主党は一枚岩ではなく、党の指名を勝ち取るのは、決して容易ではなかった。民主党の内部には、ローズヴェルトに敵対する保守派がおり、さらにニューヨーク市を地盤にしているタマニー・ホールの政治家がいた。彼らは、ローズヴェルトを州知事の後継者としたスミスを候補にかついでおり、ローズヴェルトが持っているのは、名門の出という華やかな経歴と巧みな話術と愛嬌《あいきょう》だけだとけなした。金持ちの道楽息子で、頭脳はなく、政治的な業績も見劣りすると反対派は主張した。ニューヨーク州知事としての実績を見ると、政策があまりに急進的だと批判する者もいた。さらに、障害があることから大統領職にふさわしくないと見る人も多かった。選挙戦では、そうした批判をひとつひとつかわしていかなければならず、ローズヴェルトが最初から優勢というわけではなかった。

民主党の指名獲得に向けた選挙戦で、ローズヴェルトが最も注目されたのは、1932年4月にラジオで放送された演説だった。今日、アメリカ人が直面している苦境は、戦時に匹敵するほどの緊急事態であり、「経済的なピラミッドの底辺にいる忘れられた人」も含めて国民が総動員された先の大戦時と同じような大胆な施策が必要であると説く内容だった。

「忘れられた人」という言葉は、1880年代にイェール大学のウィリアム・グラハム・サムナーが最初に用いており、ローズヴェルトのオリジナルではない。サムナーは、堅実で質素で勤勉な中産階級の人々で、政治的な集会に出たり、決議を出したり、議会でロビー活動をしたりはしないが、まじめに働いている「普通の人々」という意味で使っていた。ローズヴェルトも、この時点では、社会の底辺にいる「忘れられた人」に手を差し伸べるという意味ではなく、国民を総動員して大恐慌に立ち向かうという文脈で用いているにすぎない。だが、「忘れられた人」という言葉を用いて、国民が一丸となり、疲弊したアメリカ経済の立て直しに取りかかるべきであるというメッセージはたいへん力強く、ラジオを聞いた人々は好意的に受け止めた。

民主党の大統領候補を決める全国大会は、6月27日からシカゴのスタジアムで開催された。ローズヴェルトは4回目の投票でタマニー・ホールが推すスミスを破り、指名された。すぐさま飛行機でシカゴに駆けつけ、自ら指名を受諾した。

これは、伝統を破る行いだった。それまでの候補は、党大会で自分が選出されても、大統領職には関心がないそぶりをして、指名をすぐさま受けることはしなかった。大会から7～8週間経ってから、周りの人々がこれほど推すのであれば、しぶしぶお受けするという態度をとりながら、地元で仰々しくもったいぶった受諾演説をするのが慣習だった。ローズヴェルトはそうした慣習を、「ばかげた伝統」であると一蹴し、党大会の会場へ自ら駆けつけ、指名を受諾した。会場で喜びを爆発させるローズヴェルトの姿は、古い慣習にとらわれない新しいリーダーの誕生を人々に予感させた。

ローズヴェルトが飛行機に乗ってシカゴへやって来たことも、新しく大胆な直接行動のシンボルと受け止められた。当選の知らせを受けてから、列車でニューヨークを出発するのでは間に合わなかったため、飛行機でシカゴへ向かったのであるが、チャールズ・リンドバーグが大西洋を横断してからわずか5年後のことであり、当時はまだ飛行機に乗ったことがある人は非常に限られていた。

ニューディールの誕生

この時の指名受諾演説で、ローズヴェルトは初めて「ニューディール」(新規まき直し)という言葉を使った。演説の最後で「アメリカ国民のためにニューディールを行うことをみなさんに、そして私自身に誓います」と力強く述べ、我々の手に「アメリカを取り戻す」ための戦いがこの大統領選挙であると主張した。民主党はこれまでも常に革新の担い手であり、その精神はウィルソン大統領から引き継がれたものであると述べ、自分が正統な継承者であると胸を張った。指名受諾演説のあと、バンドが「もう一度幸せな日々をここに」を演奏した。この曲は、その後すぐ大ヒットし、それ以来、民主党のテーマ曲になった。

ローズヴェルトは、経済理論には全く関心がなかったが、大恐慌をどのようにして克服していくべきなのか、選挙運動の中で少しずつ具体的なイメージを描くようになっていった。1932年9月23日にサンフランシスコのコモンウェルス・クラブで行った演説では、市場経済が大きな転換点を迎えており、急速な経済成長の時代は終わり、大企業による独占的な経済活動は、もはやアメリカ経済を牽引《けんいん》することができないとした。この演説は、ニューディールの思想的な系譜を明らかにしたものとして知られている。

私たちが今日やらなければならないのは、天然資源を発見して開発することではありません。さらに多くの製品を生産することでもありません。すでにある資源や工場を管理し、余剰生産物を輸出するために海外の市場を再び見つけ出し、生産と消費を調整し、富と物資をより公平に分配し、現存する経済組織を人々のためになるように適応させるといった地味な仕事に取り組まなければなりません。賢明な政府が必要とされる時代が到来したのです。

こうした政治哲学は、建国期のアレクサンダー・ハミルトンに始まり、トマス・ジェファソンからウッドロー・ウィルソンへと受け継がれ、現在の状況に適うように修正して自分が継承しようとしているのだと述べている。この演説に対しては、社会主義的だ、あるいはアカデミックすぎるという批判も少なくなかった。だが、アメリカの歴史を踏まえた格調高い演説であり、具体的な政策の内容は乏しいものの、ニューディール政策の原点を見ることができる。

大統領選挙での勝利

一方、共和党は、現職のフーヴァーが再選を目指した。フーヴァーは大統領に就任後、不運にもわずか10か月で大恐慌に見舞われたが、再選を目指す時点ではすでに最悪の事態は過ぎ、景気回復への道のりが見えていると繰り返し述べていた。

大恐慌を目の当たりにして、フーヴァーは決して傍観していたわけではなかった。復興金融公社（RFC）を設立して、金融機関や鉄道会社や地方政府に政府が融資したり、緊急救済・建設法を成立させて、公共事業の拡大を図った。また、労使のトップを集め、景気後退は短期のものであるから、賃金カットや労働時間の短縮をしないよう要請した。

しかし、景気は悪化の一途をたどった。1930年に9％だった失業率は、1932年には25％へと上昇し、ホームレスが寝泊まりするテントや掘っ立て小屋が乱立している場所は

「フーヴァーヴィル」（フーヴァー街）と揶揄《やゆ》された。選挙戦中フーヴァーは、「演壇で口を開くごとに支持を失っていく」と言われ、遊説先では、腐った野菜や卵を投げつけられたり、暴漢に襲われそうになったこともあった。

フーヴァーのイメージをさらに悪くしたのは、退役軍人をめぐるトラブルだった。第一次世界大戦の退役軍人に対して、1945年から恩給が支給されることになっていたが、大恐慌によって経済的な苦境に陥った人々が、それを前倒しして支払うよう政府に求めた。彼らは、その要求を実現させるために全米各地から集結し、ワシントンで座り込みを始めた。彼らはボーナス・アーミーとよばれた。最初は穏健な抗議活動だったが、1か月ほど経つと、警官と退役軍人の衝突が起き、2人の退役軍人が死亡した。

事態を収拾するためにフーヴァーは、ダグラス・マッカーサーが指揮する連邦軍を投入した。そのことが報じられると、国民はフーヴァーを厳しく非難した。警官との衝突は共産主義者のしわざだと政府は発表したが、実際には共産主義者は、ほんのわずかしかいなかった。フーヴァーは、退役軍人を敵に回すという致命的なミスを犯してしまい、嘘つき、不誠実、陰湿で冷淡といった、ネガティブなイメージが増幅されていった。

だが、フーヴァーがいくら不人気であったとしても、1932年の大統領選は、決して最初から民主党の勝利が確実視されていたわけではなかった。長い間、政権から遠ざかっていため、民主党は資金面や動員力などで劣勢にあった。そうした状況を打破するために党が利用したのが、ローズヴェルトのクリーンなイメージだった。ワシントンの政治に汚れていないローズヴェルトへの期待は、選挙戦が終盤に入ると、日に日に膨らんでいった。彼が各地で行う演説には、景気を回復させ、失業者を救済したいという熱意と誠実な気持ちが表れており、多くの有権者の心を動かした。遊説では4万キロ以上を旅し、7州以外すべての州を訪れた。全国を回ってみせることで、身体が不自由なので大統領になるのは無理だという批判をはね返した。

11月8日に行われた大統領選挙の結果は、予想をはるかに上回るものだった。ローズヴェルトは、一般投票の57%を獲得し、6州を除くすべての州で勝利した。これほどの大勝は、民主党にとって80年ぶりの快挙だった。当選した日の夜、支援者と喜びを分かち合ったあと、久しぶりに息子のジェームズと語り合った。夜も更け、ベッドに入る介助をジェームズに頼んだ時、ローズヴェルトは次のように話した。

ローズヴェルト：父さんは、これまで火事以外のものを恐れたことはなかったけれども、今はそれ以外に怖いものができたよ（身体が不自由で、火事が起きたら自力で逃げることができないため、日ごろから火事が一番怖いと言っていた）。

ジェームズ：火事よりも怖いものって何？

ローズヴェルト：大統領の職務を全うする力が自分にあるかどうかだよ。私に力を与え、導いてくださるようにこれから神様に祈るよ。おまえも父さんと一緒に祈っておくれ。

暗殺未遂事件

当選から大統領就任までの4か月間は、ワシントンでの新しい職務と生活の準備のために多忙を極めた。そんな中、予期せぬ出来事が起きた。暗殺未遂事件に遭遇したのである。就任まであと数週間となった1933年2月15日に、ローズヴェルトはフロリダ州のマイアミを訪問した。ベイフロント・パークで演説を終えると、大きな叫び声が聞こえた。その声の主は、ローズヴェルトに向かって、「多くの人が飢えているんだぞ！」と叫び、銃を乱射した。幸い、銃弾はローズヴェルトにはあたらなかったが、同行していたシカゴ市長のアントン・サーマクを直撃した。他にも4人が撃たれ、ひとりがその場で死亡した。

犯人は、ジュゼッペ・ザンガラという失業中のレンガ職人だった。周りにいた人々が彼を取り押さえると、ローズヴェルトは、「法の裁きに任せよ」と言い放った。この事件は大きく報道され、人々はローズヴェルトの冷静沈着な態度を絶賛した。

その後、術後の感染症によりサーマクは、ローズヴェルトの大統領就任直前に死去した。

警察による取り調べの中で、ザンガラは金持ちの資本家を憎んでいるが、ローズヴェルトを個人的に恨んでいたわけではないと述べた。事件から約1か月後にザンガラは処刑された。ローズヴェルトは、個人的には死刑制度に反対していたが、ザンガラの処刑については発言を控えた。この事件によって、国民は、ローズヴェルトを就任前に暗殺未遂を乗り越えた強運な大統領と見なすようになった。

大統領就任式

就任式は、1933年3月4日に行われた。ローズヴェルトは51歳で第32代合衆国大統領になった。式に先立ち、ホワイトハウスのすぐ近くにあるセント・ジョン長老派教会で礼拝が行われた。礼拝を執り行ったのは、グロートン校の恩師であるピーボディーだった。76歳という高齢でありながら、愛弟子《まなでし》の最高の晴れ姿を祝福するために、この役目を喜んで引き受けてくれたのだった。ピーボディーは長年にわたり共和党を支持しており、前年の大統領選挙でもフーヴァーに投票したと言われているが、自分の政治的な信条と教え子の活躍は、彼の中では別のものだった。

教会での礼拝が終わると、今度は議事堂へ移動して就任式が行われた。ローズヴェルトは教会から車椅子で移動したが、その姿が参列者に見えないように、木製の壁が建てられ目隠しされた。最後は、演壇の10メートルほど手前で車椅子を降りて、参列者が見守る中、息子のジェームズの腕に寄りかかりながらゆっくりと歩いた。3月とはいえ、まだ肌寒かったが、正装のモーニングコートと縞《しま》のズボンの上には何もはおらず、健康であることをアピールした。

最高裁判所長官のチャールズ・エヴァンズ・ヒューズが宣誓を司《つかさど》った。ローズヴェルト家に代々伝わる聖書に手を置き、ヒューズが言うひとつひとつのフレーズを、ゆっくりと噛《か》みしめながら繰り返した。聖書は「コリントの信徒への第一の手紙」の第13章が開かれていた。1686年に出版されたオランダ語の聖書であり、大統領の就任式で使われた最古の聖書になった。

その後、ホワイトハウスの東の柱廊《ちゅうろう》玄関に移動し、就任演説を行った。演説は、約20分間続き、何千万人もの人々がラジオで聞いた。この演説には、今日に至るまでよく引用される有名なフレーズがある。

恐れなければならないのは、恐怖心そのものだけだというのが、私の固い信念です。恐怖心は名もなく、理屈にも合わず、正当化することもできないものです。恐怖心は、我々が後退を前進に変えるために必要な努力を麻痺させてしまうのです。

就任演説をするローズヴェルト（1933年）

今、自分たちが直面している事態を嘆き、恐れるのではなく、勇気を持って現実に立ち向かおう。そうすれば、この困難を必ず克服できるだろうというのが、ローズヴェルトが国民に伝えたメッセージであった。

さらにこの演説でローズヴェルトは、貪欲《どんよく》で、自分の利益しか考えていないような銀行家や実業家の愚行に大恐慌の原因があると主張した。そして最後に連邦議会に対して、「この緊急事態に対処するために、広範囲にわたる行政権を与えてくれるよう要請する。外国の敵に我が国が侵略された時、私に付与される権限と同じような大きな権限が必要である」と述べた。翌日の新聞各紙は、この部分に批判的だった。当時、最も購読者数が多かった『ニューヨーク・デイリー・ニュース』紙は、ムッソリーニでも、スターリンでも、ヒトラーでもなく、「ローズヴェルトという名の独裁者が誕生した」と報じた。

だが、演説を聞いた国民は強いリーダーシップを歓迎し、拍手喝采を送った。ある者は、「我々は、約束の地へ導いてくれるモーゼをついに見つけた」と感激した。翌日には、約46万通の手紙がホワイトハウスに届き、その大半は大統領を激励する手紙だった。その後も、一日に8000通以上の手紙が国民からホワイトハウスへ届けられた。スタッフがすべての手紙に目を通してテーマごとに分類して、必要があれば大統領へ手紙を回した。

組閣とブレーントラスト

ローズヴェルトは、党派や派閥にはこだわらず、自分で適材適所だと判断した人物を閣僚に任命した。コーデル・ハル（国務長官）、ウィリアム・ハートマン・ウーディン（財務長官、1933年末に辞任）、ダニエル・C・ローパー（商務長官）といった保守的な民主党員や、ヘンリー・A・ウォーレス（農務長官）やハロルド・イッキーズ（内務長官）ら革新的な共和党員が入閣した。

ローズヴェルトと古くから親交があり、個人的な関係が深かった人物も閣僚に任命された。彼らはローズヴェルトが最も信頼を寄せ、本音を話すことができる腹心の部下だった。1934年から1945年まで財務長官を務めたヘンリー・モーゲンソーは、ユダヤ系の裕福な家庭に生まれ、ローズヴェルト家の近くに広大な農園を所有している友人だった。ニューヨ

ヘンリー・モーゲンソー

ーク州知事時代には農業問題のアドヴァイザーとして働いた経験があった。

労働長官に任命されたフランシス・パーキンズも、ニューヨーク州知事時代からの側近だった。彼女の入閣は、エレノアの強い意向によるものだった。パーキンズは当初、労働長官は労働運動の指導者がなるべきだとして辞退した。しかし、州知事時代に、州の労働長官として、労働時間や賃金の規制といった革新的な労働法の制定に尽力したパーキンズをローズヴェルトは高く評価していた。パーキンズは説得されて、最終的に任命を受け入れ、アメリカ史上初の女性閣僚になった。

ローズヴェルトは、過去に自分を批判した人には、いかに有能でも、重要な職を与えることはなかった。長年、彼を支え続けてきた忠実な部下を重用し、ブレーントラストとよばれるアドヴァイザーの組織を作った。ブレーントラストは、最初にハウが、頭の固い学者に対して、皮肉を込めて用いた言葉であったが、それを『ニューヨークタイムズ』紙が取り上げたことで一般的に使われるようになった。

ブレーントラストには、政治家のグループと学者のグループがあった。両者は、表向きは協力的な関係を築いていたが、実際には、学者のグループは急進的な人々が多く、政治家のグループは、学者のグループが介入したり、口出しすることを嫌った。ローズヴェルトはふたつのグループの要《かなめ》となり、両者を巧みに使い分け、主に次官級をブレーントラストで固めた。

ブレーントラストの活用の仕方は、ローズヴェルト独自のものだった。さまざまな政策課題について科学的な知見を用いて検討し、専門分野に精通している人々を中心に政策を立案させた。それを国民に説明して、理解を得ることも重視され、政策の解説者や教育者としての役割を担った。

フランシス・パーキンズ

大統領就任直後にローズヴェルトは、見解の違いにはこだわらず、利用価値があると判断した人を積極的に登用すると表明していたが、実際にローズヴェルトは、ブレーントラスト内の意見の相違にはほとんど注意を払わなかった。専門家に意見を戦わせておき、あらゆる見解が出そろった後、自分で最終的な決定を下した。ローズヴェルトは、アイディアを行動に変える「スイッチボード」（電話の交換盤）

になるのが自分の役割だと考えていた。

献身的な側近をそれぞれの分野の専門家として重用することで、職務に忙殺されることなく、就任後も自分の生活のペースを貫いた。朝は8時半頃にゆっくりと目を覚まし、ベッドで朝食をとりながら、新聞5紙に目を通した。そのまま寝室で側近からブリーフィングを受けて、その日のスケジュールとアポイントメントについて説明を聞いた。10時過ぎになって、やっと車椅子に乗り、執務室へ移動した。前任者のフーヴァーは、毎朝8時前に執務室に現れて、夜遅くまで仕事をしたが、ローズヴェルトは、特別な案件がない限り午後6時に仕事を切り上げた。その後はプールへ行って不自由な足の筋肉をほぐし、マッサージをしてもらった。

社交的で話し好きなローズヴェルトは、頻繁にゲストをホワイトハウスへ招いた。来客があると、まずカクテルを飲み、8時になると一緒に夕食をとった。エレノアは別の場所で別のゲストと食事をするのが常だった。夕食後は、ポーカーをしたり、映画を鑑賞したりした。来客がなく、夜ひとりで過ごす時は、少年時代からの趣味である切手の収集に精を出した。週にだいたい3時間から4時間を収集した切手の整理にあてた。世界中の切手を次々と取り寄せて、コレクターであることを心の底から楽しんだ。

メディアの活用

ローズヴェルトは、ラジオ放送を巧みに利用した最初の大統領だった。アメリカでは１９３２年には１８００万台のラジオが普及しており、全世帯の半数以上が少なくとも1台のラジオを所有していた。ラジオを持っていない人々も、何か重要なニュースがあれば、近所の商店や友人宅などで放送を聞いていた。以前にもラジオで話をした大統領はいたが、放送を政治的に利用することはなかった。ローズヴェルトは就任演説からラジオ放送を始め、目の前にいる聴衆だけでなく、ラジオの向こう側で耳を傾けている国民ひとりひとりを意識しながら話をした。

炉辺談話を放送するローズヴェルト（1934年）

就任後は、炉辺談話というラジオ番組を持ち、そこで政治を語った。番組は不定期で、１９３３年から１９４４年の間に合計30回放送された。「友よ」あるいは「アメリカ国民のみなさん」という呼びかけで始まり、その時々の重要な政策を取り上げて、国民に説明した。原稿は自身の手で何度も練り直し、誰もが理解できるような平易な言葉で語りかけた。金融や財政などの難解な政策についても、比喩《ひゆ》を多用するなどして、わかりやすく解説した。ラジオを聞いている人々は、自宅のリビングに大統領が訪ねてきて、現在取り組んでいる仕事について語ってくれているかのような錯覚を覚えた。放送を通じて、ローズヴェルトは、国民にとって偉大な指導者であると同時に親しい友人になった。

ローズヴェルトは、メディアと大統領の関係も大きく変えた。ホワイトハウス担当の新聞記者との会見は、クーリッジやフーヴァーも行っていたが、記者に事前に質問を提出させ、形式的な会見をしていたにすぎなかった。それに対し、ローズヴェルトは週に2回、定例で記者会見を開き、12年間の在任中にその数は998回にものぼった。

定例の記者会見はアットホームな雰囲気で、校長先生が、生徒の質問に答えるような感じだった。会見の途中でエレノアが入ってきて夫に耳打ちしたり、息子のエリオットが旅行に出かける前に、行ってきますのハグをしにきたりすることもあった。

ローズヴェルトの政策に批判的な新聞も少なくなかったが、ホワイトハウス担当の記者はみな、大統領と個人的に良好な関係を築いていた。『クリスチャン・サイエンス・モニター』紙の記者は、「我々は敵対する関係にあったが、互いを気に入っていた。一緒によく笑い、それぞれが何をしようとしているのかを完全に理解し合っていた」と述べている。

当時のメディアは、ローズヴェルトがポリオを患い、肢体が不自由であることを、しばしば報じており、そのことは決してタブーではなかった。しかし、どの程度の障害を負っているのか、詳しく報道されることはなかった。国民は大統領が、過去に大病をし、その後遺症で障害を負ったが、今ではほとんど回復し、大統領としての職務をこなしていると思っていた。

最初の100日——緊急銀行法と財政健全化

ローズヴェルトは、就任演説で戦時と同じような権限を自分に与えるように要求したが、それは単なる比喩にとどまらなかった。就任後直ちに、第一次世界大戦中に制定された対敵取引法に基づいて国家が非常事態にあると宣言し、銀行の閉鎖に踏み切った。就任の日からローズヴェルトは、「戦時の大統領」だった。

この宣言は、ローズヴェルトの決断の素早さを示す出来事としてよく語られるが、実際には、すでにこの時点で多くの銀行は事実上、閉鎖に追い込まれていた。金融危機はピークに達しており、就任の前日までに、48州のうち36州で504行が業務を停止しており、閉鎖された銀行の預金総額は、34億3200万ドルにものぼっていた。大統領に就任後、すぐさま銀行の閉鎖を宣言したことは、ローズヴェルトの行動力を示すためのパフォーマンスにすぎなかった。ただそこには、銀行の閉鎖を「銀行の休日」とよぶことで、国民の不安を和らげるという彼のユニークな発想が見られた。

3月9日の正午に第73議会の第1会期が招集され、いわゆる100日議会が始まった。銀行の問題を解決するために、まず急遽、緊急銀行法案が下院に提出された。審議時間は、40分に制限され、修正案の提出は認められなかった。法案の印刷が間に合わなかったために、下院の銀行・通貨委員会の委員長が、タイプされた文書を大声で読み上げた。緊迫した雰囲気の中で、議員たちは法案の内容を理解する時間を与えられないまま、全会一致で可決した。法案の提出から可決まで、わずか1時間足らずだった。

その後、法案は上院に回された。その時には、印刷された法案が出来上がっており、議員に配布されて、一応、審議らしきことが行われた。だが、上院でも形式的な反対意見が出されただけで、法案は大差で可決された。ローズヴェルトが署名し、法案の提出から7時間ほどで緊急銀行法は成立した。

前代未聞のスピードで成立した緊急銀行法は、全国にある12の連邦準備銀行に追加的な通貨を発行する権限を与えて、銀行が預金の引き出しに対応できるようにするものだった。銀行はA、B、Cと格付けされた。ランクAは健全ですぐに再開できる銀行、Bは資金が補強されれば数週間後には再開できる銀行、Cは再編されない限り再開できない銀行とされた。格付けのための調査には時間がかかったが、1か月以内に80%の銀行が再開した。

こうしてまずローズヴェルトは、冷静な決断力と行動力に富んだ大統領というイメージを作り出すことに成功した。だが、メディアは批判的だった。『ニューヨークタイムズ』紙は、あまりに強引な議会運営を厳しく批判し、「ローズヴェルトは独裁者の権限を手に入れた」と酷評した。しかし、ローズヴェルトは、こうしたメディアの批判を全く気にしなかった。自分は国民のために政治をしているのであり、必ず国民は自分を理解し、味方になってくれると信じていた。

3月12日には、最初の炉辺談話が放送された。ローズヴェルトは優しい口調で、「マットレスの下にお金を隠しておくよりは、業務を再開した銀行に預けた方が安心ですよ」と国民に語りかけた。6000万人もの人が、この放送を聞いていたと言われている。放送の翌日には、つい先日まで預金を取り付けるために銀行の前で行列していた人々が、今度は預けるために銀行に並んだ。月末までに3分の2の預金が銀行へ戻った。15日に再開したニューヨーク株式市場は、一日で最大の上げ幅を記録し、金融制度への国民の信頼は回復された。

銀行の再開と並んでローズヴェルトが、100日議会の最初に力を注いだのは、財政の健全化だった。この頃のローズヴェルトは、民主党の綱領に従い、均衡財政を支持していた。財政赤字を削減するために出したのが経済法案だった。その内容は、連邦政府の省庁を統廃合して行政改革を行う、連邦職員、議員、大統領の給与を減らすというものだった。

さらに、当時、連邦の財政の4分の1を占めていた、退役軍人への恩給にも大鉈《おおなた》をふるった。恩給を半分に減額し、約5億ドルの財政削減を実現することを提案した。かつてフーヴァーが退役軍人を冷遇し、厳しい世論の批判を受けたことに鑑《かんが》みると、これはかなり危険な賭《か》けだった。退役軍人への恩給の削減は、国民の怒りを再燃させる可能性があった。議員の中にも、地元の有権者の反発を恐れて、経済法案を支持することを躊躇《ちゅうちょ》する者も少なくなかった。

恩給の減額が提案されていることを知った退役軍人は、再びボーナス・アーミーとしてワシントンへ集結した。フーヴァー政権の時と同様に一触即発の事態が想定された。すると、ローズヴェルトは、ボーナス・アーミーが野宿している場所に警官や軍隊を派遣するのではなく、妻のエレノアを行かせた。退役軍人たちは、「フーヴァーは軍隊を送ってきたが、ローズヴェルトは自分のかみさんをよこした」と驚いた。エレノアは、ひとりひとりに食料品や薬品を手渡して回り、彼らの不満や要求に熱心に耳を傾けた。職がなく、その上、恩給が減らされては、生活できないと訴える者には、政府が雇用を提供することを約束した。ローズヴェルトは、フーヴァーよりもはるかに人心を掌握することに長けており、自分が退役軍人に心から同情していると印象づけることに成功した。

最終的に経済法案は、審議の過程で何度も修正され、原案よりもかなり穏健な内容で可決された。最終的に成立した経済法では、削減額は2億4300万ドルにとどまり、省庁再編は法律の成立後もほとんど進まなかった。恩給と連邦職員の給与もいったん削減されたあと、ほとんど回復された。

経済法が成立した2日後には、ビール・ワイン歳入法が成立し、禁酒法が撤廃された。禁酒法は、1920年から合衆国憲法修正第18条の下で施行されていたが、密造酒の製造や販売が横行していた。禁酒法は、依存症や家庭内暴力など、アルコールによってもたらされる社会問題を解決すると期待されていたが、実際にはたいした成果をあげていなかった。ローズヴェルトは酒が大好きで、禁欲的なピューリタニズムを嫌悪していたので、選挙戦の時から公約として禁酒法の撤廃を掲げていた。禁酒法が撤廃された夜、アメリカ中の人々が祝杯をあげて美酒に酔いしれた。ローズヴェルトもその中のひとりだった。禁酒法の撤廃後、アルコール関連の税収は1年間で2億5800万ドルにものぼった。これは、連邦政府の歳入の9%近くに相当する額であり、アルコール飲料の製造と販売は、景気浮揚策のひとつとなった。

金融制度の改革

大恐慌の原因は、1920年代に投機的な投資が過熱し、株価が急騰してバブルが弾《はじ》けたことにあるという認識から、ローズヴェルトは、構造的な金融制度の改革に乗り出した。当初、ローズヴェルトは金融問題にはあまり詳しくなく、大手の銀行に配慮するような姿勢をとることもあった。こうした態度を変えたのが、彼の周囲にいた金融のエキスパートたちであった。なかでも、カーター・グラス上院議員とヘンリー・B・スティーガル下院議員は、金融制度がいかに変革されるべきかをローズヴェルトに教えた。二人はローズヴェルトと協議しながら銀行法と証券法を成立させ、金融制度に歴史的な転換をもたらした。いずれも、ウォールストリートを牛耳る大手銀行の抵抗を乗り越えて成立しており、国民の味方である大統領が、独占的な金融資本に立ち向かうという構図が作られた。

1933年銀行法の最大の目的は、商業銀行と投資銀行を分離して、銀行業務と証券業務の兼業を禁止することにあった。その根底にある考え方は、商業銀行が、資金を過度に投機的な証券業務に向けたことが大恐慌につながったという認識であった。銀行業務と証券業務を分けることによって、銀行の資産をより安全で効果的に活用させることを目指した。

また、預金者を保護するために連邦預金保険公社（FDIC）を設立し、1934年1月に2500ドルまで、同年7月に5000ドルまでの預金が保証されることになった。のちに、経済学者のミルトン・フリードマンは、FDICを「南北戦争以降、最も重要な経済の構造的な変革である」と評している。

さらに、証券市場における不透明な取引が投機を過熱させ、株価の大暴落を引き起こしたという認識から、１９３３年証券法が制定された。それによって、証券を発行しようとする者は、投資家に対し十分な情報を提供しなければならないことが定められた。さらに翌年には、証券取引委員会（ＳＥＣ）が設立され、証券市場の監視および証券取引に関する法規に責任を負うことになった。

農業調整法

ローズヴェルトは、ハイド・パークで生まれ育ち、幼い頃から農村での暮らしになじんでいたことから、農民が直面している苦境に深い同情を寄せていた。農民が貧しければ工業製品を買うことができず、都市に住む者の生活も苦しくなる。農村が富まなければ景気回復はありえないというのがローズヴェルトの口癖だった。就任時には農産物の価格は暴落しており、アメリカ・ファーム・ビューロー連合の会長であるエドワード・A・オニールは、連邦政府が何もしなければ、「12か月以内に農村で革命が起こるだろう」と警告していた。

ローズヴェルトは、農業政策に関する具体的なアイディアを最初から持っていたわけではなかった。就任後まず行ったのは、専門家や関係者からの情報収集だった。農務長官のウォーレスとブレーントラストのひとりであるレックスフォード・タグウェルをホワイトハウスにより、協議した。また、農業団体の代表をワシントンに招集して意見を聞いた。

そこから明らかになったのは、農産物の過剰生産という問題だった。アメリカでは第一次世界大戦期にヨーロッパへ食糧を供給するために、農作物の大規模な増産が行われており、戦後もその状態が続いていた。農産物が過剰に生産され、農産物の価格が低迷し、農民の収入が減る、それを補うためにさらに生産するという悪循環によって、農民は慢性的に苦しい生活を強いられていた。大恐慌が世界的に拡大していく中で、海外の市場も縮小し、事態はますます悪化していた。

農作物の過剰生産を止めるための施策として農業調整法(AAA)が制定された。この法律は、連邦政府が指定した農産物の生産削減に協力した農民に、補助金を支給することを定めた。対象になる品目は、小麦、綿花、トウモロコシ、豚、米、タバコ、牛乳の7つとされ、作付割り当てが行われることになった。ローズヴェルトは、「これは新しく未踏の道であるが、前代未聞の状況の下で農業を救済するために、こうした新しい政策を試行する必要があるのだ」と述べ、農民に協力を呼びかけた。

AAAによる生産制限は、法律の成立直後から始められた。すでに5月に入っており、生育途中の農作物が、根こそぎ刈り取られ、廃棄された。飼育中の豚も殺処分された。農民はそれによって補助金を得たが、こうした状況が報道されると、AAAに対する批判的な意見が相次いだ。食料がなく飢えている人がいるのに、農産物や食肉を廃棄するとは何事だと多くの人が憤った。AAAを施行するために設立された農業調整局が強大な権限を持っていたことから、ソ連の計画経済になぞらえて「ボリシェビキ的」だと批判する者もいた。また、農民に交付される補助金の財源には、食品加工業者に課される加工税が充てられたため、関連する業界団体も強く反対した。

だが、こうした抗議や反発に、ローズヴェルトが耳を貸すことはなかった。AAAの施行後、農産物の価格は徐々に上昇し始め、一定の成果をあげていたからである。しかし、所得が増加し、AAAの恩恵を受けたのは、土地を所有し、大規模な農業を行っている農民だけだった。土地を持たない小作農や農業労働者の中には、作付面積が減らされたために、農業を続けることができなくなる者も多く出て、生活は以前にも増して困窮した。

テネシー川流域開発公社

1933年5月には、テネシー川流域開発公社（TVA）法に基づいて、テネシー川とその流域のダム建設、治水事業、植林などの総合的な開発が始まった。テネシー川は、テネシー、アラバマ、ジョージア、ミシシッピ、ノースカロライナ、ケンタッキー、ヴァージニアの各州を流れる、全長1000キロメートルにも及ぶアメリカ有数の河川である。TVAは、開発が遅れていた南部の農村の電化を進め、地域産業を振興することを目的としていた。また、ダム建設によって大量の雇用が生み出されるため、失業対策としても大きな効果が期待された。

ローズヴェルトは、革新主義の影響を受けて、ニューヨーク州知事時代から、電力発電は公益事業であり、政府の規制の下に置かれるべきだと主張してきた。TVAは、ジョージ・W・ノリス上院議員が中心となって、そうした構想に沿って作られたものだった。公社の代表には、公益事業関連の法律に詳しい弁護士であるデイヴィッド・E・リリエンソールが就任した。

テネシー川流域の農村は平均年収が639ドルとアメリカの中でも非常に貧しい地域であり、大恐慌により困窮の度合いをいっそう深めていた。マラリアなどの伝染病が流行したり、河川の氾濫《はんらん》により土地が浸食されて耕作が困難な地域もあった。

TVAは、テネシー川の流域に20のダムを建設し、安価な電力を安定的に供給した。また、TVAの事業には、農業技術（輪作や肥料の使い方など）を指導したり、山火事や洪水などの自然災害への対策を講じるものもあった。さらに流域にキャンプ場などのレクリエーション施設を建設して、観光地としての振興も進めた。TVAは国内外で、政府による巨大公共事業のモデルとなった。

全国産業復興法

１００日議会の最終日には、全国産業復興法（ＮＩＲＡ）が成立した。この法律は、工業製品などの価格と労働者の賃金の下落を食い止めることによって、産業の復興を目指すものだった。ローズヴェルトの基本的な考え方は、１９２０年代を通じて多くの企業が過当競争を続けたため、製品の価格と賃金が下がり、大恐慌を引き起こしたというものであった。政府と実業界の協調的な関係の下で、企業の競争を制限し、秩序だった生産を行うための制度を作り出すことで、景気の回復を図ろうとした。ＮＩＲＡを施行する機関として、全国復興庁（ＮＲＡ）が設立され、陸軍の出身でブレーントラストのひとりであるヒュー・ジョンソンが長官に任命された。

ＮＩＲＡは、産業ごとに企業団体を組織させ、そこで公正規約コードを作り、製品やサービスの価格と生産量、労働者の賃金や労働時間を決めさせた。それぞれのコードはＮＲＡによって審査され、認可されなければならなかった。認可後は、企業がコードを順守しているか、ＮＲＡが監督した。ＮＩＲＡの第７条は、労働者の権利を保護し、労働組合の結成と団体交渉の権利を認めたことから、労働者の「マグナカルタ」とよばれた。ローズヴェルトは、企業が公正規約コードに従ってビジネスをすることで、消費者と労働者が守られるのだとアピールした。

ＮＩＲＡへの参加は強制ではなかったが、施行後、約５００万通の手紙が企業へ送られて、経営者の判断に基づき自発的な参加が促された。ローズヴェルトは、国民がＮＩＲＡを大々的に支持してくれているというイメージを巧みに演出した。ＮＩＲＡに参加している企業や商店に青い鷲《わし》のエンブレムを配布し、事務所や店頭に飾らせた。エンブレムには「私たちは参加しています」と書かれており、大統領とともに力を合わせて大恐慌を克服するために、ＮＩＲＡに協力しているというメッセージを発信させた。

青鷲運動という行進が各地で行われ、ＮＩＲＡに参加している企業の経営者や従業員が町の目抜き通りをパレードした。１９３３年秋には、ニューヨークの５番街で25万人というアメリカ史上最大の行進が行われた。最終的には５５０以上の産業がＮＩＲＡに参加し、そこで働く労働者は２２０万人に達した。

ローズヴェルトはＮＩＲＡに参加しない企業を、政府の受注から排除するように指示した。そうした強硬なやり方に対し、反発する経営者も少なくなかった。ヘンリー・フォードがＮＩＲＡへの不参加を表明すると、それに続く経営者が出た。ＮＩＲＡのコードは、さまざまな制約を企業に課すことになり、自由な企業活動を阻害し、景気の回復にはつながらないと批判された。評論家のウォルター・リップマンは、ＮＩＲＡの「行き過ぎた集権化と独裁的な精神」が「経済生活の官僚的な統制に対する反発を生み出した」と批判している。

ＮＩＲＡは公正規約コードによる企業活動の統制に加えて、雇用の創出にも関わった。失業者に雇用を提供するために公共事業局（ＰＷＡ）を設立し、道路や橋、学校や病院などの公共事業を行った。内務長官のイッキーズがＰＷＡの局長となり、「ポンプに呼び水を差す」ような景気刺激策がとられた。最初の１年間で33億ドル、総額で60億ドルが充てられ、１９３３年から１９３９年の間に３万４０００のプロジェクトが実施された。アメリカで使用される年間のコンクリートの半分、鉄鋼の３分の１をＰＷＡが使った。ＮＲＡとＰＷＡは「ふたつの肺であり、死にかけている産業部門が息を吹き返すためにどちらも必要である」とされた。

失業対策——市民保全部隊

１００日議会で大きな期待が寄せられたのは、失業者に対する救済策だった。ローズヴェルトは、失業者に現金を給付する直接救済よりも、公共事業などによって雇用を創出し、失業者に職を与える方が、人々の勤労意欲を維持するためにも、また、経済効果という観点からも望ましいと考えていた。しかし、職を与えるといっても、さまざまな方法がある上に、運営がうまくいかなければ、税金の無駄遣いだと批判を受ける可能性もあった。そうしたことから、国民の理解を最も得やすいものから着手していった。

ローズヴェルトは、フロリダ州知事が使われていない農地を買い取り、そこで失業者に仕事をさせているという話を耳にして、そうしたプロジェクトを全国レベルで展開できないかと考えた。ニューヨーク州知事時代にも、1万人の男性を植林のために雇用した経験があり、闇雲《やみくも》に公共事業で建物などを建設するのではなく、天然資源の保全や自然保護につながるような事業を行い、そこで失業者を雇用するという方針をまずとることで、国民の理解を得ることができると見ていた。

こうしたローズヴェルトの構想は、1933年4月に市民保全部隊（CCC）という形で実現した。CCCは、森林管理、土壌保全、治水事業などを実施し、失業者に職を与えることで、「精神的・道徳的な安定」を与えることを目的とした。それは決して「万能薬」ではないが、国家の緊急事態において「必要不可欠な第一歩」になるとローズヴェルトは述べた。

4月の初旬に最初のCCCのメンバーが決まり、27万5000人の男性が全国1300か所に派遣されることになった。CCCでは18歳から25歳の男性（のちに17歳から28歳へ変更）が「部隊」として組織され、軍隊的な規律の下で仕事に従事した。CCCの任期は6か月で、最長2年まで延長可能とされた。屋外での肉体労働を通じて「健全な精神」を養い、よき市民を育成することを目的とした。大恐慌で仕事がなく、教育も中断した若者が路頭に迷うのを防いだ。また、退役軍人に関しては年齢制限を緩和し、米西戦争と第一次世界大戦に従軍した者を中心に25万人がCCCに参加した。

CCCの参加者は男性に限定され、女性は参加することができなかった。また、黒人はほとんどの場合、人種隔離された部隊に入れられ、白人とは別の仕事に配置された。CCCの参加者における黒人の比率は10％ほどであり、ほぼ人口比に相当した。しかし、実際には白人よりも黒人の方が、失業が深刻であり、生活が困窮している者の割合がはるかに高かったため、そうした実情を考慮すると、黒人の部隊はもっと多く組織されるべきだった。先住民に対しては、1934年にインディアン再組織法が制定され、部族の自治を認めるなど、「インディアン・ニューディール」が進められるようになった。そうした中で、先住民に向けた失業対策として、CCCの先住民部隊が組織されて、約8万5000人の若者が参加した。

CCCの給与は、日給1ドルと定められた。参加者は、手当などを含めて月に30ドル近くを稼いだが、そのうち25ドルは、原則として家族に仕送りすることが定められていた。「部隊」という名称の下で、厳しい規律が課され、自由な生活が認められていなかったことから、当初、多くの人がCCCを批判した。また、労働組合は、CCCの賃金があまりに低く、「強制労働」だと苦言を呈した。アメリカ労働総同盟（AFL）のウィリアム・グリーン会長は、CCCは「ファシズム、ヒトラー主義、ソビエト主義の匂《にお》いがする」と酷評した。

しかし、ローズヴェルトはこうした批判にひるむことなく、CCCを自分の「お気に入り」のプロジェクトとして自賛した。批判をかわすために、ポスターや宣伝フィルムを作成し、失業対策としてだけではなく、全米各地で若者が社会的な貢献をしていることをアピールした。

実際にCCCが派遣された地域は治安がよくなり、商店も繁盛して景気が上向いたと言われている。多くの地域でCCCの若者は歓迎され、地元に溶け込んだ。最終的にCCCが1942年に廃止されるまでに、300万人以上が参加し、2500か所に派遣された。

植林や土壌の保全などの事業に加えて、独立戦争や南北戦争の戦場が史跡として整備された。また、海水浴場やキャンプ場、州立公園や登山道なども作られ、家族や友人とレジャーを楽しむことができる場所が増えた。自然保護地区も指定され、希少な動植物が保護されるようになった。CCCは、こうした多様な事業を通じて、アメリカ人が地域の身近な問題として環境や自然保護の大切さを知るきっかけを作った。

連邦緊急救済局と民間労働局

ローズヴェルトは、かつてないほどの大規模な失業対策を行うために、1933年5月に連邦緊急救済法を成立させて、連邦緊急救済局（ＦＥＲＡ）の主導の下で失業者に職を与えた。連邦政府が州へ補助金を交付することによって、各州に作られたＦＥＲＡの下部組織が、失業者に雇用を提供する形をとった。ニューヨーク州知事時代に臨時緊急救済局（ＴＥＲＡ）の局長を務めたホプキンズがＦＥＲＡのトップに任命された。

ローズヴェルトは、ニューヨーク州でのＴＥＲＡの経験をすぐＦＥＲＡに生かすことができるだろうと見込んでいたが、現実はそれほど甘くなかった。ＦＥＲＡの下部組織がなかなか作られなかったり、うまく機能するために時間を要した州がかなりあり、ＦＥＲＡの業務が軌道に乗るまでに多くの時間を要した。民主党の保守派や共和党の政治家が、ＦＥＲＡに敵対的な態度をとり、業務を妨害していた州や地域もあった。特に南部ではＦＥＲＡを通じて黒人に雇用が与えられると、白人の地主の下で小作農として働く黒人が減ることが懸念された。

ＦＥＲＡによって失業者に与えられた仕事は、公共事業によるものが大半を占めた。なかでも、上下水道の敷設、公共の建物の建設や修理、国立公園の建設や整備などの肉体労働が最も多く、事務職や専門的な仕事は少なかった。ただ、数は少ないながらも、図書館の司書の仕事や考古学の発掘調査などもあり、職歴に合わせて仕事が提供された。ＦＥＲＡには、2年間で31億ドルの補助金が交付され、のべ２０００万人が雇用された。

FERAでは、失業している男性が世帯主としての威厳を失わないように、扶養家族を持つ男性への雇用の提供が優先された。女性の仕事は非常に限られており、衣服やリネンなどを縫製し、貧困家庭に配布する作業などが中心だった。それも、夫が病気や障害を持っているため働くことができず、子どもを抱えて経済的に困窮している家庭の妻が優先され、独身女性や有職の夫がいる女性がFERAで仕事を見つけるのは難しかった。

ローズヴェルトは、1933年の11月に冬場の困窮を乗り越えるために、大統領令を出して民間労働局（CWA）を設立した。CWAは、FERAを通じた雇用の提供が間に合わない地域を支援するための一時的な組織として作られ、当初、4億ドルの予算が充てられた。CWAは翌年の3月まで続き、400万人に仕事を与えた。仕事は季節的なものが中心で、記録的な寒さの中で、366キロメートルの下水道、80万キロメートルの道路、4万校の学校などが建設された。予算は最終的に10億ドルまで増やされ、その80％が直接、賃金として労働者に支払われ、景気回復に向けた「呼び水」の役割を果たした。

「国民から王冠を授けられた」

政権発足後の最初の100日議会は、こうした重要法案を成立させて閉幕となった。ニューディールは、大恐慌から、資本主義と民主主義を救済するために進められていった。ジャーナリストのジョン・フランクリン・カーターによると、ローズヴェルトは、困窮している国民に手を差し伸べて救済する義務と責任が政府にあることを示し、国民は「大統領が我々をカオスから救ってくれた」ことを実感したという。

ローズヴェルトは、多様な見識を持った側近を周りに置き、時には対立する意見を戦わせながら、最終的にどの政策を選ぶのが最もよいのかを抜群の勘で判断した。そして、自分の決断を、並外れたコミュニケーション能力とパフォーマンスで国民に伝え、納得させた。人々は、希望を失わないこと、新しい考えを恐れずに行動に移すことを大統領から学んだ。

１００日議会が終了した時点では、経済状況は若干、好転していたが、景気回復の手ごたえはまだ感じられなかった。しかし、ローズヴェルトに対する国民の支持は、１９３４年11月に行われた中間選挙の結果に如実に表れていた。この選挙で、民主党は下院で９議席、上院で９議席を増やし、両院で多数を維持した。州知事選でも民主党が圧勝した。こうした結果を受けて、ジャーナリストのウィリアム・アレン・ホワイトは、ローズヴェルトは「国民から王冠を授けられた」と論じた。

第4章　ニューディールの新たな展開

3つのR

1934年6月に第73議会が終わると、ローズヴェルトは、ニューディールを、さらに新しい局面に向けて転換させた。ニューディール政策は、「3つのR」（救済〔relief〕、復興〔recovery〕、改革〔reform〕）を目的として掲げていたが、最初のふたつのRは、100日議会で制定された農業や工業の復興や公共事業による雇用創出を目的とした法律によって、ある程度まで達成された。歴史家は、これを「第一次ニューディール」とよんでいる。

残された3つめのR、すなわち「改革」は、1935年から開催された次の議会の目標となり、ローズヴェルトは長期的な視点に立った構造的な改革へ舵《かじ》を切った。1933年3月に就任してから実施してきたAAAやNIRA、FERAなどの政策は、この時点までにある程度の成果をあげていたが、依然として失業者は1000万人を超え、失業率は20%を下回ることはなかった。こうした中で、1936年の再選を見据えながら、生活が困窮している失業者や高齢者、農民、労働者を対象とした政策を進めていくようになり、ニューディールの「左旋回」と言われるリベラルな政策が構想されていった。この時期の政策は、「第二次ニューディール」と称されている。

雇用促進局

ローズヴェルトは、1935年1月4日に行った一般教書演説で、失業者と雇用の問題に多くの時間を割いた。連邦政府の推計によると、約500万人の国民が政府から何らかの形での救済を受けていたが、そのうち350万人は、仕事があれば働くことができる人々だった。現金の直接的な給付は、「麻薬のように、人間の精神を巧みに破壊する」ものであり、「失業者の身体を破滅から救い、自尊心、自立、勇気、決意を保たなければならない」とした。失業者に早急に雇用を提供するための国家的なプロジェクトを開始しなければならないというのが、ローズヴェルトの考えだった。

ＦＥＲＡよりもさらに大規模な形で、失業者のために雇用を創出し、景気の回復にもつながるような政策を導入する必要があった。ただし、どのような雇用でもよいわけではなく、彼らの勤労意欲を維持するような仕事でなければならなかった。提供される雇用は、一時しのぎのものではなく、将来にわたって生活状況を向上させるもので、賃金も、救済として受け取る額よりも高く設定し、普通の生活を保障する額であるべきだとされた。

こうした考えに基づいて、１９３５年５月６日にローズヴェルトは大統領令を出して、雇用促進局（ＷＰＡ）を設立した。ＷＰＡの初年度には49億ドルが計上され、当時のＧＤＰの６・７％を占める巨額の予算が投じられた。ＷＰＡの設立に伴い、ＦＥＲＡは廃止されたが、ＷＰＡの局長にはＦＥＲＡで手腕が高く評価されたホプキンズが任命された。ＷＰＡは、１９３８年11月のピーク時には、３３３万４５９４人を雇用した。１９４３年までに、５９００の学校、２５００の病院、８０００の公園、１万３０００の遊び場、１４８万キロメートルの高速道路、４８００の空港、７万８０００の橋を建設した。

ハリー・ホプキンズ

ＷＰＡに参加できたのは、18歳以上でアメリカ国籍を持ち、健康状態が良好で働くことができる者で、原則的に一家の稼ぎ手である人が対象とされた。地域の公的救済機関がニーズの認定にあたり、その人の熟練や技能、職歴に応じて仕事が決められた。一日8時間、週40時間の労働で、賃金は月19ドルから94ドルと幅があった。民間企業の雇用と競合しないように、賃金は、地域の平均的な額よりも低く設定された。州政府と地方政府が、WPAの費用の1割から3割を負担し、残りを連邦政府が支出した。

もちろん、公共事業はニューディール以前から行われていたが、ローズヴェルトは、「公共の利益」という観点を前面に押し出し、地域への貢献を強調した。都市部のみならず、それまで開発が遅れていた過疎地でも橋や道路、ダムなどが次々と建設され、地域の経済発展に寄与した。だがその一方で、WPAは民主党を中心とした利権のシステムを作り出し、連邦政府と公共事業に携わる企業との結びつきを強めた。連邦政府から州・地方政府へ、そこから建設業者へと巨額の資金が流れ、政官財の癒着の構造が作られた。

芸術への支援

WPAは、建設や土木などの公共事業以外にも、支援の範囲を広げた。大恐慌によって多くの人が仕事を失ったり、収入が激減したことから、絵画を鑑賞したり音楽を聴く余裕がなくなり、芸術家の多くは創作の道を閉ざされてしまった。ローズヴェルトは、そうした才能ある芸術家を救済する必要があると考えて、美術、音楽、演劇、文芸などを支援するための特別プログラムを設立した。

連邦美術計画には、1万人近くの画家や彫刻家が参加し、絵画、壁画、彫像など20万点にのぼる作品が制作された。それらは、市役所や学校、病院、郵便局などの公共施設に展示され、一般の人々に芸術を身近なものにした。子ども向けの絵画教室も全米各地で開催され、画家が講師として派遣された。

この計画に参加した画家の中には、のちに抽象表現主義の旗手として名をあげたウィレム・デ・クーニングやジャクソン・ポロックらがいた。また、サッコ＝ヴァンゼッティ事件（アナーキストであるイタリア系移民が強盗殺人の罪に問われて処刑された事件。その後、冤罪《えんざい》とされた）を題材にした作品を発表し、社会派リアリズムの画家として知られているベン・シャーンも参加していた。これらの優れたアーティストたちは、WPAを通じてヨーロッパ美術の影響を脱し、アメリカ独自の美術を発展させた。

WPAには連邦音楽計画もあり、クラシックやジャズ、カントリーミュージックなど、さまざまなジャンルの音楽家を支援した。数千回にのぼるコンサートや音楽祭を全米各地で行ったり、子どものための音楽教室を開催したりした。また、各地の民謡などアメリカの伝統的な音楽の収集と保存を行った。

さらにWPAは、「リビング・ニュースペーパー」とよばれる社会問題を扱った演劇やアメリカの建国を描いた歴史劇、ミュージカルなどを上演した連邦劇場計画や、全米の観光地を紹介するアメリカン・ガイド・シリーズを刊行した連邦作家計画も運営した。こうした支援活動を通じて、WPAは、アメリカ文化の興隆をもたらした。

黒人と女性の参加

WPAでは、多くの黒人も仕事を得て、経済的な困窮から救われた。ローズヴェルトは大統領令を出してWPAでの人種差別を禁止したが、実際には黒人は、賃金が低く熟練を要さない仕事に多く配置されるなど、職場では差別的な扱いを受けた。それぞれの地域の出先機関が直接、仕事を斡旋《あっせん》したため、連邦レベルでWPAが人種平等を謳《うた》っても、地元では「慣行」が優先された。特に南部諸州ではWPAで雇用された黒人に対して、待遇面などにおいて露骨な差別が行われた。

その一方で、WPAによる芸術の支援は、黒人文化に大きな影響を及ぼした。連邦演劇計画によって、黒人の舞台監督や脚本家、俳優からなる劇団が各地で公演したり、連邦作家計画によって、元奴隷の体験が記録された。連邦音楽計画では、クラシックからジャズに至る幅広いジャンルにおいて、黒人の音楽家が演奏の機会を与えられた。

これらのプロジェクトで扱われるテーマや表現については、政府からさまざまな制約を受けたが、こうした活動が黒人文化を活性化し、人種平等への黒人の意識を高めたことはまぎれもない事実である。ローズヴェルトは、南部民主党の支持を失うことを恐れて、反リンチ法や公民権法の制定には消極的であったが、文化的なプログラムを推進することに対しては比較的抵抗が小さかったため、政治的なリスクをそれほど心配することなく黒人アーティストへの支援を行った。

WPAでは、女性は一家の主な稼ぎ手ではないという理由で、参加を断られる場合が多かった。しかし、エレノアとWPAの女性職業計画部の部長であるエレン・S・ウッドワードの尽力により、こうした事態は少しずつ改善され、最終的にはWPAの仕事の12〜16%が女性に割り当てられるようになった。

しかし、具体的な仕事の内容には、明らかな性別職務分離が見られた。WPAでは、司書、ソーシャルワーカー、教師、看護師などの専門職に雇用される女性もいたが、大半の女性参加者は、そうした資格や経験を持たなかったため、単純な軽作業に配置された。女性の主な仕事は、裁縫や缶詰、製本、寝具、衣服などの製造や手工芸などだった。民間企業との競合を避けるために、生産された商品は多くの場合、無償で困窮者に配布され、慈善事業的な色彩が強かった。病人の看護や老人の介護、学校給食の調理、託児所での子どもの世話などにも、WPAを通じて女性が雇用された。

WPAの一部として運営されたプログラムには、全国青年局（NYA）による青少年を対象にした失業対策もあった。16歳から25歳までの若者が働きながら勉強を続けることができるようにすることが目的であった。若年層の失業率が30％にも達しており、家計を助けるために高校や大学を中退して働く若い人々が増えたことがその背景にあった。NYAの設立には、エレノアが関わっており、CCCとは異なり、若い女性も参加することができた。

NYAの参加者は、基本的に自宅から仕事に通い、月に6ドルから40ドルが支払われた。非行や犯罪に走る若者を減らすことが期待されるとともに、将来的に役立つスキルを身につけるための職業訓練としての役割を担った。1937年までに40万人の若者が雇用され、農業や建設業、事務職、教育などの分野で人材の育成が進められた。

社会保障法

1935年に実現した改革の最大の目玉は、社会保障制度の設立だった。アメリカでは、自助主義が伝統的に強く、社会保険や社会福祉制度の発展において、ヨーロッパの先進諸国から大きく後れをとっていた。大恐慌によって未曽有の数の失業者が生まれ、多くの国民が生活に困窮する事態が発生してはじめて、アメリカでも社会保障制度の設立に向けて、本格的な取り組みが開始された。

ローズヴェルトは、1934年6月8日に連邦議会へ送った特別教書において、国民に「3つの保障」を与えるための政策が必要であると述べ、構造的な改革を呼びかけた。その中のひとつが、国民が遭遇する災難や生活上の変化に対応するために社会保障制度を設立することであった。

当初のローズヴェルトの構想は、国民が失業したり退職した時の備えとして必要性が高い失業保険と老齢年金保険のふたつを導入することであった。これらは、拠出に基づき、賃金に比例した給付がなされ、政府の支出に頼らない社会保険であり、「健全な社会保障制度」の根幹になると考えられていた。社会保険は合衆国憲法の条文に掲げられている「一般福祉の増進」に合致するものであり、連邦政府が果たすべき義務であると強調することで、ローズヴェルトは保守派の批判をかわした。

6月末には大統領令を出し、議会での法案の提出に向けて、経済保障委員会（CES）を設立した。CESは、労働長官のパーキンズを委員長とし、閣僚が中心となって組織された。CESの討議では、社会保険を軸としながらも、貧困者への社会福祉プログラムを含めたより包括的な制度の構築が望ましいとされた。その提案に基づいて、社会保障法案が連邦議会へ提出され、8月に上下院で圧倒的な大差で可決された。

社会保障法の内容は、次のようなものであった。まず、失業保険については、各州で制度を設立し、州の基金に拠出金がプールされる形をとった。労使双方が拠出する州は6州あったが、それ以外は雇用主の単独拠出だった。いわゆる経験料率制が導入され、労働者の解雇が少ない企業には拠出率を下げることで、企業の責任で雇用を安定化させるシステムが作られた。大半の州では労働者が拠出しないため、給付額はかなり低く抑えられ（平均収入の3割から4割程度）、給付期間も短かったため、失業者に十分な経済的保障が与えられるとは言いがたいものだった。

一方、老齢年金保険は連邦政府が所管し、全国的な制度として設立され、労使双方が拠出することになった。基本給付額は、在職時の平均年収の3割程度であり、給付によって高齢者の購買力を高め、景気の回復を図るには十分ではなかった。高齢者を労働市場から撤退させて、若年層に雇用を提供し、失業率を下げることが重視された。その後、1939年の改正によって遺族年金が併設されるとともに、完全積立方式から、現役世代が納める保険料が年金給付に充てられる賦課《ふか》方式へと移行した。

老齢年金保険や失業保険では、制度の対象となる職種がかなり限定されており、農業労働や家内労働などに従事している人は加入できなかった。そのため、法の対象となったのは、男性労働者の39％、女性労働者の14％にすぎなかった。当時、農業労働者の80％が黒人男性であり、黒人女性の３分の１以上が白人家庭で働く家政婦などの家内労働者であったため、黒人の大半は、制度の外に置かれた。また、女性は夫の扶養家族として老齢年金保険に加入することが当然とされ、単身女性や夫と離死別した女性に対する給付は手薄だった。

社会保障法には、貧しい人々に現金を給付する公的扶助も組み込まれた。公的扶助は一般財源による「福祉」として、社会保険とは明確に区別された。ローズヴェルトは、近い将来、景気が回復すれば、国民の大半が仕事に就き、社会保険に加入することになるため、公的扶助の受給者は減っていくだろうと考えていた。そのため公的扶助は、あくまでも補助的なプログラムとして認識された。

社会保障法の下で導入された公的扶助には、低所得の高齢者に対する老齢扶助、夫と死別してひとりで子どもを育てている母親を対象にした児童扶助、視覚障害者への扶助の３種類があった。これらは、すでに多くの州で設立されており、新たに連邦政府が州へ補助金を交付することで財源を増やし、全国的な制度を確立することが目指された。公的扶助の給付はかなり低い水準に設定された。４人家族の生活費として月１００ドル程度必要だった時代に、老齢扶助の給付は月19ドル、児童扶助は32ドル、視覚障害者扶助は24ドルにすぎなかった。

１９３５年に設立された社会保障制度には、医療保険は含まれていなかった。ローズヴェルトは、ポリオの闘病中に、医療費を支払うことができない人を何人も見ており、疾病により医療費がかかり、生活に困窮する人が少なくないことを理解していた。しかし、アメリカ医師会をはじめとする専門家の団体の反対が根強く、医療保険の導入は見送られた。ローズヴェルトは、今の時点で完璧《かんぺき》な制度を無理に作る必要はなく、今後、徐々に必要なものを加えていけばよいと楽観的に見ていたが、その後も、アメリカでは国民皆保険制度は実現していない。

こうした限界にもかかわらず、同法は、包括的な社会保障制度を一挙にアメリカで成立させた画期的な法律として高く評価されており、ローズヴェルトも政権の「礎石」と見なしていた。第二次世界大戦中に、イギリスの経済学者であるウィリアム・ベヴァリッジが政府に提出した報告書の中で「ゆりかごから墓場まで」という言葉を使っていることを知ると、「それは私が最初に使った言葉だよ」とローズヴェルトは誇らしげに語ったという。

ワグナー法と労働運動

社会保障法と並んで「第二次ニューディール」の目玉となったのは、全国労働関係法（ワグナー法）の制定だった。この法律は、労働者が労働組合に加入し団結する権利を明文化し、経営者との団体交渉を行うための法的な枠組みを確立した。また、経営者による不当労働行為を明記し、労働者の組織化を妨害したり、団体交渉を拒否したりすることを禁止した。これらの規定を企業に守らせるために全国労働関係局が設置された。

大統領就任当初から、ローズヴェルトは働く人々の権利の擁護に関心を持っていた。1933年に成立させたNIRAに第7条を設けて、労働者の団結権・団体交渉権を法的に認めたのが、その始まりだった。しかし、NIRAは公正規約コードの規定が大統領による議会の立法権への侵害であるとして、1935年5月に最高裁から違憲判決を受けた。ローズヴェルトは、この判決に大いに失望し、NIRAを早急に復活させることによって、再び労働者を保護するための条項を入れたいと考えていた。そのため、単独の労働法としてワグナー法を成立させることには最後の最後まで消極的であった。

労働界からの働きかけによって、ローズヴェルトが法案に歩み寄りを見せたのは、1935年6月以降のことであった。その後、全面的な支持を表明した頃には、ローズヴェルトが法案を支持してもしなくても連邦議会を通過することはほぼ確実になっていた。

ワグナー法の成立後、製造業を中心に労働運動は急速に発展した。産業別組合会議（CIO）が設立され、ジョン・L・ルイスの指導の下で、自動車、鉄鋼、ゴムなど大量生産方式を導入している産業に従事する非熟練労働者が多数、労働組合に加入した。それまでは、主に熟練工を組織するAFLが労働運動を主導してきたが、そこに新たな勢力として、全く性格が異なるCIOが加わったことで、アメリカの労働運動は新しい局面を迎えた。

ＣＩＯは設立当初から黒人労働者にも機会の均等を約束し、労働組合における人種統合を原則とした。ただ、その原則が、個々の組合レベルでどれほど守られていたのかという点に関しては疑問の余地がある。しかし、全米黒人地位向上協会（ＮＡＡＣＰ）や全国黒人会議（ＮＮＣ）などの黒人団体は、ＣＩＯが黒人労働者の組織化を進めたことを高く評価した。

また、ＣＩＯは、女性労働者の組織化も進めた。１９２４年には労働組合に加入していた女性は20万人にすぎなかったが、その数は１９３８年には80万人へと急増した。なかでも女性が多く雇用されていた繊維産業や縫製業において労働組合の活動が活発になった。組合の指導者には、共産党に所属するなど、急進的な思想を持つ女性も少なくなかった。また、女性は労働者として自ら労働組合に加入するだけでなく、労働者の妻や娘としてストライキを支援した。ストライキの対象となっている企業の製品の不買運動を展開したり、ピケを張っている男性労働者に食事を提供するなど、さまざまな活動を通じて、労働者階級としての意識を高めていった。

さらに、ローズヴェルトは１９３８年に公正労働基準法（ＦＬＳＡ）を制定させた。この法律は、労働時間を一日８時間、週44時間とし、最低賃金を時給25セント、超過勤務手当をその１・５倍に定めた。労働者の賃金を引き上げ、それによって購買力を高め、景気を回復させようという発想がここに見られた。

このように１９３５年以降、画期的な労働法が制定され、労働者の権利を守り、労働条件を改善する試みが連邦レベルで進められていった。その結果、多くの労働者がローズヴェルトの熱烈な支援者になり、民主党の支持基盤を形成した。

農業政策の変化

農業政策も、この時期に大きく転換した。ＡＡＡは、土地を持つ自営農民に対し、ある程度の利益をもたらしたが、貧しい農民にはほとんど恩恵がなかったため、ローズヴェルトはこの頃から、より大胆で急進的な政策を進めるようになった。ジョン・スタインベックの小説『怒りの葡萄《ぶどう》』に描かれているような、大平原のダストボウル（砂嵐）の被害を受けて生活に困窮している農民を救済する政策に取り組み始めたのである。１９３６年に最高裁がＡＡＡに違憲判決を下したことも、こうした転換を後押しした。

その代表的なものが、１９３５年に設立された再定住局（ＲＡ）だった。ＲＡとその後身である農場保障局（ＦＳＡ）は、農村を再生し、農民の貧困問題に立ち向かうことを目的とし、耕作に適さない農地を政府が買い上げ、貧しい農民を集団農場へ入植させた。局長に任命されたタグウェルは、最終的な目標として、1億エーカーの土地に65万人の農民を移住させることを目指した。だが、社会主義の集団農場のようだという批判が保守派から噴出し、

ドロシア・ラングの「移住者の母」

小規模な形での移住が実現するにとどまった。1937年には、バンクヘッド・ジョーンズ農場借地法が制定され、小作農が土地を購入するための融資を拡充した。

ローズヴェルトは、貧しい農村への支援の必要性を人々に理解させるために写真家とライターを雇って、農民の生活を取材させ、メディアを通じて国民に窮状を訴えた。なかでも、ドロシア・ラングが、カリフォルニアで1936年に撮影した「移住者の母」という写真がよく知られている。RAの写真家たちは、大恐慌によって普通の生活を奪われた名もない人々の苦悩を表現する、優れた作品を世に生み出し、ドキュメンタリー写真というジャンルを確立した。

1936年には、農村電化法が成立し、農村への電力の供給が進められた。1930年代に都市部では、90%の地域で電化が進んでいたが、農村部では、その比率は10%程度にすぎなかった。電力会社は、農民は貧しいため電化の費用や電気料金を負担できず、採算がとれないと考えており、農村の電化には消極的だった。ローズヴェルトは、電力の協同組合を作り、加入者に出資させてネットワークを作り、卸売りベースで電力を購入して分配する方法を考えた。1939年には417の農村で電力の協同組合が設立され、28万8000世帯に電力が供給され、農村の電化率は25%にまで上昇した。

エレノアの役割

ローズヴェルトが、次第にニューディールを「左旋回」させ、社会的な弱者の救済に力を入れるようになったのは、妻であるエレノアの影響が大きかった。エレノアは、肢体が不自由な夫に代わって全米各地を旅して回り、さまざまな情報を収集した。列車に乗る時は二等車、飛行機に乗る時はエコノミークラスに座り、近くの乗客に気さくに話しかけた。雑談から始めて、その人の暮らしぶりや政治に対する意見などを聞き出し、それをノートに記録して、帰宅後、夫に伝えた。直接会う時間がない時は、夫のベッドサイドに置かれた箱に、自分が見聞きしたことやアイディアを書いた紙を入れた。ローズヴェルトは、閣議や記者会見で「うちの家内によると……」という表現を何度も用いて、エレノアから聞いた国民生活の実情を話した。

エレノアは、夫が大統領選挙に立候補した時点では、自分がこのような役割を果たすことを想像すらしていなかった。その頃のエレノアは、ワシントンへ行くことをとても嫌がっていた。どこへ行くにもシークレット・サービスがつき、完全に自由が奪われてしまうと考えていたからである。ローズヴェルトが大統領に当選する可能性が高くなると、それは「死刑宣告に等しい」ことだと友人への手紙に書いている。ファーストレディーになるのは、「ホワイトハウスの囚人」になることであり、レセプションやディナーなど、自分が苦手としている社交生活に忙殺されることを極端に恐れていた。夫が大統領に当選するとエレノアは、「もう、私にはアイデンティティはありません。私は単なる大統領の妻になってしまいました」と泣きながら、いとこに語った。息子が大統領に当選した時、これは「私の人生で最高の瞬間」ですと胸を張り、歓喜した姑とは全く対照的だった。

しぶしぶワシントンへ転居したエレノアは当初、自分が「普通のファーストレディー」になるものだと思っていた。就任式の直前に出たラジオ番組でエレノアは、次のように述べている。

私たち女性は、何が起ころうとも家庭を守るという毎日の仕事を怠ってはなりません。それが、重要ではない役目だと気に病む必要はありません。自分自身を犠牲にする勇気と意志が、景気回復の踏み台になるかもしれないのですから。

エレノアは、華やかな場が苦手だったので、ファーストレディーとして自分がホステス役をうまく務めることができるのか全く自信がなかった。そのため、大恐慌で多くの国民が苦しい生活をしているので、税金の無駄遣いを避けたいという口実で、ホワイトハウスでの社交の機会を可能な限り減らした。子どもたちを招くイースターのパーティーと退役軍人のためのガーデンパーティーは開いたが、それ以外のイベントは極力、中止した。エレノアは、容姿にコンプレックスを持っていたので、新聞記者に写真をとられることを嫌った。微笑《ほほえ》むと自分が嫌いなあごや出っ歯が強調されるからと、常にカメラを避けた。

ファーストレディーになったエレノア

エレノアが、ファーストレディーとしてどのような役割を果たすべきか悩んでいた時に親身になって相談に乗ってくれたのが、新聞記者のロレーナ・ヒコックだった。彼女は１９３２年の大統領選挙を取材していた時にエレノアと知り合った。ヒコックは、いろいろなアイディアを出して、伝統にとらわれない、新しい時代のファーストレディーになってほしいと願った。

ヒコックは、記者会見を開いて、ファーストレディーとして国民に情報発信したらどうかとエレノアに助言した。するとエレノアは自分には記者会見などとうてい無理だと反対した。すると、ヒコックは、女性記者をホワイトハウスに招いて、懇談するという形にしてはどうかと提案した。エレノアはそれを夫に相談した。ローズヴェルトは、女性に政治に興味を持ってもらうには、とてもよいアイディアだと賛成し、エレノアもようやくやる気になった。また、ヒコックは、新聞にコラムを持つことも勧めた。この助言に基づいて、エレノアは「マイ・デイ」というコラムを1935年12月から執筆するようになった。このコラムは人気を博し、全米の90紙が掲載した。

各地を視察して夫の目となり耳となることをエレノアに勧めたのもヒコックだった。身体が不自由な夫に代わり、ニューディールのプログラムがどのように実施されているのかを自分の目で確かめるのがエレノアの役目だった。時には、炭鉱へ行って鉱夫とともに坑内へ降りたり、女性飛行士のアメリア・エアハートと空を飛んだりした。エレノアのこうした行動は、新聞各紙で報道された。ファーストレディーというのはホワイトハウスでお高くとまっているものだと思っていた国民は、そうした記事を読んで非常に驚き、エレノアに親近感を抱いた。

エレノアは、自分で考案したユニークなイベントも開いた。例えば、安い食材でも栄養とバランスのとれた食事を作ることができることをアピールするために、ホワイトハウスのゲストに「7セントランチ」を提供した。メニューは、トマトソースのかかったスタッフドエッグ、マッシュポテト、プルーンのプディング、コーヒーだった。生活に困窮している国民に、何とか自分ができることをしてあげたいという気持ちから、考え出したランチだった。

ヒコックは、エレノアにとって大切な存在になった。エレノアは、毎日のようにヒコックに手紙を書き、30年間の交友関係で、1万6000ページの手紙をやりとりした。それらは一部ではあるが1980年代の初めに公開され、その内容から二人がレズビアンの関係にあったのではないかと言われている。ある年のクリスマスにヒコックは、サファイアとダイヤの指輪をエレノアにプレゼントし、エレノアはそれを左手につけて生涯大切にした。夫には絶えず愛人がおり、5人の子どもたちは、結婚と離婚を繰り返していた。そうした家族のいざこざとは裏腹に、エレノアはヒコックと揺るぎない信頼と愛情で結ばれていた。

黒人問題

大統領に就任するまで、ローズヴェルトは人種問題にほとんど無関心だった。ポリオになってから頻繁に訪れるようになったジョージア州のウォームスプリングズでは、ジム・クロウとよばれる南部社会特有の人種隔離制度があり、日常生活のあらゆる場において黒人は差別されていた。ローズヴェルトは、そうした南部の黒人が置かれている状況を直接、見聞きしながらも、特段、それについて意見を述べることはなかった。1932年の大統領選挙でも、南部民主党への配慮から人種問題には触れなかった。

しかし、こうした態度は大統領就任後、少しずつ変わっていった。それには、側近に人種間の平等を推し進めようとしていた者が何人かいたことが影響していた。なかでも、就任以来、内務長官を務めていたイッキーズは、ローズヴェルトの人種問題に関する考えを大きく変える役割を果たした。彼は、かつてシカゴのNAACPで活動していた経験があり、側近の中では人種問題に最も精通していた。内務省のトイレやカフェテリアの人種隔離を撤廃するとともに、経済学者で住宅問題を専門としていたロバート・ウィーヴァーを「黒人問題」担当の顧問に任命し、さまざまな角度から人種平等を実現するための改革に取り組んだ。

こうした中で、ローズヴェルトは黒人問題に関する連邦協議会を作り、黒人の専門家に政策を提言させるようになった。この協議会は、「ブラック・キャビネット」ないしは「ブラック・ブレーントラスト」とよばれるようになり、メディアの注目を集めた。協議会のメンバーであり、教育者で全国黒人女性協会の会長を務めていたメアリー・M・ベシューンは、NYAの黒人部の部長に抜擢され、黒人の若者が働きながら学ぶ機会を増やした。協議会の提言に基づいて、1930年代半ばには、45人の黒人が連邦政府やニューディール関連の機関の管理職に登用された。このような取り組みが評価されて、多くの黒人がローズヴェルトと民主党を支持するようになった。黒人は奴隷を解放した政党である共和党を南北戦争後、支持してきたので、これは歴史的な転換だった。

このような状況の下で、反リンチ法が成立するのではないかという期待が黒人の間で次第に高まった。連邦議会ではロバート・ワグナー上院議員とエドワード・コスティーガン上院議員が、反リンチ法案を提出し、その成立に向けて熱心に活動を続けていた。法案の内容は、リンチ事件に際して、警察や保安官など法を執行する職務にあたる人々が、事件発生後30日以内に適切な措置をとらなかった場合、連邦政府がその事件に介入し、5000ドル以下の罰金か最長5年の懲役を科すことができるというものであった。犯罪としてリンチを厳しく取り締まることを目的としていたが、加害者に対する厳罰化を直接、目指したものではなかった。

ローズヴェルトにこの法案を支持するよう、ワグナーらが中心となり説得が行われた。しかし、ローズヴェルトは、1936年の大統領選挙で南部民主党の議員が離反することを恐れて、最終的に反リンチ法案を支持しなかった。黒人の権利を擁護する姿勢を見せながらも、自分にとって政治的に不利になる可能性がある事案には結局、尻込《しりご》みしたのである。側近の中には南部出身で人種的な偏見を持っている者もおり、そうした人々への気兼ねもあった。

結局、12年間の任期中、反リンチ法はもとより、ひとつも公民権法を成立させることはなかった。

法的な面では人種平等の進展は見られなかったが、ローズヴェルトは、才能のある優秀な黒人には称賛を惜しまなかった。その中のひとりが、黒人女性声楽家のマリアン・アンダーソンだった。アンダーソンは、当時、ヨーロッパで人気を博しており、ワシントンのコンスティテューション・ホールで彼女のコンサートを開くことが企画された。だが、保守系の女性団体である「アメリカ革命の娘」が、それに異議を唱え、中止を求めた。この団体の会員だったエレノアは、こうしたアンダーソンの扱いに強く反発して退会した。

事態を収束させるために、ローズヴェルトが動いた。1939年4月のイースターの時にリンカーン・メモリアルで開かれる野外コンサートでアンダーソンが歌うことができるように各方面に働きかけたのである。当日は7万5000人の聴衆の前で、アンダーソンは美声を披露し、その模様はラジオでも放送された。アンダーソンは、「これは私にとってひとつのコンサート以上の経験になりました。私は歌を捧げたのです。その日、私はすべての国民に向けて歌いました」と述べた。さらに6月には、ホワイトハウスに招かれ、ローズヴェルト夫妻と訪米中のイギリス国王夫妻の御前で歌うという栄誉に浴した。

ハウの死

１９３６年の大統領選挙は、ローズヴェルトに対する信任投票という性格が強かった。再選されるのはほぼ確実だが、どれほどの得票差で相手候補に勝つかが問題だった。その頃、アメリカ経済は立ち直りつつあった。政権の最初の4年間で、国民所得は50％以上増え、新しい雇用が６００万も作り出された。工業生産高も倍増し、株価は、１９３３年の底値から80％以上上昇していた。『フォーチュン』誌の調査によると、国民の53％が大恐慌はもう終わったと見ており、60％以上がローズヴェルトを支持していた。

これまで強力な反ローズヴェルト陣営を張っていた政敵もほとんどいなくなっていた。富の分配運動を展開し、ローズヴェルトに敵対していた民主党のヒューイ・ロング上院議員は１９３５年9月に暗殺された。60歳以上の高齢者に月２００ドルを支給することを定めたプランを提唱し、社会保障法案を厳しく攻撃していたフランシス・タウンゼント医師も、社会保障法が成立すると支持勢力を失った。反共主義と反ユダヤ主義を唱えて、多くの支持者を獲得していたチャールズ・カフリン神父は、下院議員のウィリアム・レムケをユニオン党という第三政党の大統領候補として擁立し、ローズヴェルトに対抗させようとしたが、勝ち目はなかった。

再選を目指して活動を始めようとした矢先に、ローズヴェルトにとってたいへんショッキングな出来事が起きた。側近中の側近であるハウが、この世を去ったのである。ハウは大統領補佐官という地位にあったが、それ以前に長年の親友であり、最も信頼できる相談相手だった。ローズヴェルトが何でも話すことができる唯一の人物だったと言ってよい。ハウは、ローズヴェルトが大統領にまで昇り詰めても、人々の批判やローズヴェルトにとって都合の悪いことを包み隠さず、率直に本人に伝えた。また、ハウ自身が、ローズヴェルトと意見を異にすることもよくあり、その時は遠慮なく意見を戦わせた。

ルイス・ハウ

ハウは、1934年以降、心臓疾患のため入退院を繰り返していたが、病気療養中も、毎日のように電話でローズヴェルトに助言を与えていた。盟友とも言えるハウの死は、ローズヴェルトにとって大きなショックだった。自ら葬儀の手配をし、ホワイトハウスに半旗を掲げてハウを弔《とむら》った。

1936年大統領選挙

悲しみを振り切るかのように、ローズヴェルトは再選に向けて邁進した。フィラデルフィアで6月に開かれた民主党大会において、大統領候補として指名されると、次のように述べた。1933年に私が大統領に就任した時、「我々は恐れることを恐れていた」。しかし、それから4年が経ち、「今、我々は、最も危険な敵に勝ったのだ。我々は恐怖を克服した」のである。そして、フィラデルフィアが、建国の父祖たちがイギリス国王の専制政治に立ち向かった場所であることを人々に思い起こさせ、今日においても新たな王朝を築いている「経済的王党派」がいるとして、次のように批判した。

経済的王党派は、現代の文明から新しい王朝を作り出しました。新しい王国は、物質的なものに対する支配を集中させることで築かれました。企業や銀行、証券会社、産業と農業、労働と資本を新たな方法で利用することで、現代の生活はすべてこの貴族への奉仕に向けられています。建国の父たちは、こうしたことを夢想だにしなかったに違いありません。

国民は、経済的な専制を取り締まるように政府に訴えることができるのであり、アメリカ人は、今まさに「運命とのランデブー」を経験しているのだと演説を締めくくった。

共和党の大統領候補は、カンザス州知事のアルフレッド・ランドンだった。ランドンは共和党の穏健派に属しており、ニューディールが実業界に敵対的であることを批判した。また、富裕層に対する増税を厳しく非難し、それは、国家の社会主義化、自由主義経済の終焉《しゅうえん》、個人主義の侵害につながると主張した。反ローズヴェルトの急先鋒《せんぽう》として活動してきたアメリカ自由連盟も、1936年の半ばには12万5000人の会員を擁し、「憲法を擁護し、憲法で保障されている権利と自由を守る」ことを掲げて、大々的なキャンペーンを行った。

一方、この選挙戦では、ローズヴェルト連合とよばれる民主党の支持母体が確立され、現職の再選に大きな役割を果たした。巨大資本に立ち向かい、労働者や農民とともに戦う大統領というイメージ戦略が進められた。4年間のニューディールの実績をもとに、「彼ら」(=資本家)と「我々」という二分法を用いて、大統領が「我々」の側にいることを国民にアピールした。

こうした戦略は、とりわけ労働組合に組織された労働者の間で、大きな成果をあげた。当時の世論調査によると、CIOに所属する労働者の支持率は85%にも達していた。なかでも、CIOのジョン・L・ルイスとシドニー・ヒルマンが中心となり結成された無党派労働連盟(LNPL)は、都市部の労働者階級を組織し、60万ドルを選挙資金として集め、ローズヴェルトの再選に向けて大規模なキャンペーンを繰り広げた。これは、ヨーロッパ系の移民やその子孫としてかつてはエスニック・グループにより分断されていた労働者が、初めて階級的に連帯する契機になった。

ローズヴェルトが、投票日の4日前にマディソン・スクェア・ガーデンで行った演説は、こうした対立の構図を鮮明に描き出していた。これまでニューディールが、労働者や農民、若者、失業者のために行ってきたことを今後も続けることによって、すべての国民に安寧をもたらすことを約束した。そうした安寧を脅かしているのは、産業や金融業界の独占的な勢力、投機や銀行業で儲けている者など「旧態依然とした敵」であり、我々はそうした敵と戦わなければならないと述べた。仮想敵を作り出すことで、ローズヴェルトは自分が国民の側にいることを印象づけた。

投票は、11月3日に行われた。ローズヴェルトは、一般投票で2775万票（60・8％）を獲得し、メインとヴァーモント以外のすべての州で勝利した。1850年代に二大政党制が確立されて以来の歴史的大勝であった。上下院でも民主党は議席を増やし、安定多数を維持した。

1937年1月20日に、ローズヴェルト政権の2期目が始まった。就任演説では、「国民の3分の1が依然として粗末な家に住み、貧しい身なりをし、十分な食事ができない状態」にあり、普通の人々の生活をよくするべく、政府は大胆な政策を進めていかなければならないと力強く述べた。演説のあとオープンカーに乗り、大雨でずぶぬれになりながらも、群衆の喝采を浴びて、意気揚々とホワイトハウスへ向かった。国民の大半はニューディールによって、景気が回復しつつあると信じており、ローズヴェルトも国民の信頼に応えようと意気込んでいた。

最高裁判所の封じ込め

2期目が始まるとローズヴェルトは、それまでにない領域に足を踏み入れた。それは、最高裁判所の改革だった。1937年2月に裁判所再組織法案を連邦議会へ提出し、70歳になった最高裁判所の判事が半年以内に退職しない場合、大統領が新しい判事を任命できるようにしようとした。

こうした法案を提出した背景には、ニューディールに対して敵対的な最高裁の判決が続いていたことがあった。1935年にNIRA、1936年にはAAAに違憲判決が下されており、近い将来、社会保障法やワグナー法も違憲とされるのではないかと危惧《きぐ》されていた。ローズヴェルトは、最高裁判所の判事の多くが、保守的でニューディールに敵対的であることを批判し、判事の構成を変えることで問題を解決しようとした。この改革は、最高裁の封じ込めとよばれるようになった。

3月9日に放送された2期目の最初の炉辺談話で、最高裁の改革がなぜ必要なのか、次のようなたとえ話を用いて説明した。

私はアメリカの政治形態を（中略）畑を耕す3頭の馬にたとえました。もちろん3頭の馬とは、政府の3部門、すなわち議会、行政、司法です。3頭の馬のうち2頭が、今日、一緒に力を合わせて畑を耕しています。しかし、残りの1頭は耕していません。大統領がこの馬のチームを動かしていると思っている人は、行政の長である大統領が3頭の中の1頭であることを見落としています。馬を動かしているのは、アメリカの国民です。（中略）他の2頭と一緒に3頭目の馬にも耕してほしいと期待しているのは国民自身なのです。

最高裁という1頭の馬が改革に向けて歩調を合わせておらず、バランスを失っている。改革の目的は、分立した3権の「バランスを回復する」ことにあると、ローズヴェルトは主張した。しかし、これは行政のあからさまな司法への介入に他ならなかった。国民、法曹界、民主共和両党の議員によって反対運動が繰り広げられ、ローズヴェルトの評価は大いに損なわれた。この法案が提出されることは、側近でさえ事前に知らされていなかったことから、それまで築いてきた信頼関係も大きく揺らぐ事態を招いた。ニューディールに批判的な人々は、ローズヴェルトを独裁者、専制君主、ファシストだと非難した。これは、ローズヴェルトが自身の政治力を過信したために自ら招いた結果だった。

この法案は、下院の司法委員会で却下され、上院の司法委員会でも否決されたため、日の目を見ることはなかった。その後、ローズヴェルトへの反発が、民主党議員の中でも顕著になり、連邦議会でのさまざまな法案の審議が難航する原因となった。1936年の大統領選挙で圧勝し、上下院とも民主党が圧倒的多数を占めたにもかかわらず、それからわずか1年でローズヴェルトは大きな壁にぶつかったのである。

ローズヴェルト不況

1937年の春には、アメリカ経済は回復の兆しを見せており、失業率も12%へと下落していた。ローズヴェルトは、景気が好転したという判断から、農業への補助金やWPA、公共事業などへの支出を削減した。ニューディールが財政赤字を拡大しているという批判に応えるために、財政を均衡させる時期が来たと見たためだった。1936年に43億ドルだった財政赤字を、1937年には27億ドルへと減らすことを目指していた。さらに、1938年に7億4000万ドルへと削減すれば、1939年には均衡財政が達成される見通しだった。

だが、連邦政府の支出を、短期間のうちに大幅に削減してしまったため、景気はまたたく間に逆戻りした。1937年半ば以降、13か月間にわたって、再び工業生産は30%減少することになった。失業率も再度、上昇に転じ、1937年の14・3%から1938年には19・0%へと悪化した。消費が大幅に落ち込み、1937年10月19日にはニューヨーク株式市場は1929年以来最悪の状況になった。やっと客足が戻りつつあった繁華街から再び人がいなくなり、多くのナイトクラブやレストランが倒産した。自動車の販売台数も落ち込んだ。この年の景気後退は、政策的な判断ミスから来ているという意味で、「ローズヴェルト不況」と揶揄された。

1938年3月25日には再び株価が暴落した。景気を下支えするためにローズヴェルトは、4月に37億5000万ドルの追加予算を議会に承諾させて、WPAなどに割り当てるとともに、50億ドルを不況対策として支出した。

ローズヴェルトは、景気後退を独占的な資本の責任であると主張し、1938年4月には、連邦議会で独占的な企業を批判する演説を行った。

> 民主的な国家よりも強くなった民間企業を国民が許容するならば、民主主義の自由は脅かされてしまうのです。(中略)そして、ビジネスが雇用を提供せず、人々が満足のいく生活水準を維持することができるように製品を生産し分配しなくなれば、民主主義の自由は脅かされてしまうでしょう。

ヨーロッパでファシズムが台頭していることを引き合いに出しながら、国内では独占的な企業が平等な社会の実現を阻んでおり、民主主義と自由を危うくしていると述べた。1935年の統計によると、全企業の5%未満が全資産の87%を保有しており、こうした富の集中が、著しい所得の格差を生み出しており、景気回復を阻んでいるとローズヴェルトは見ていた。

その後、1938年の半ばには景気はほぼ以前の状態まで回復したが、アメリカ経済が大恐慌の前の水準に戻るのは、アメリカが第二次世界大戦に参戦する1941年末以降のことであった。

第5章　第二次世界大戦の舞台へ

ラテンアメリカ諸国との善隣外交

1930年代のローズヴェルトは、大恐慌を克服するために内政に多くの時間とエネルギーを割いていたため、外交政策にそれほど積極的に取り組むことはなかった。ヨーロッパでは、ローズヴェルト政権が誕生した年にアドルフ・ヒトラーが権力を掌握し、ナチス政権が始まっていたが、ファシズムの台頭に対する危機感は薄かった。

また、政権発足当初はアジアへの関心も低いままであった。1931年に満州事変が起こると、フーヴァー政権で国務長官を務めていたヘンリー・スティムソンが、のちに「スティムソン・ドクトリン」とよばれるようになる通牒《つうちょう》を出し、大陸での日本の侵略行為を批判した。ローズヴェルトも大統領に就任後、これを支持したが、こうした姿勢はあくまでもレトリック上のものであり、中国への日本の侵攻は事実上黙認された。

それに対し、ローズヴェルトが政権に就いた当初から積極的に取り組んだのは、ラテンアメリカ諸国との関係改善だった。1933年3月4日の就任演説では、国家間の相互依存がかつてないほど増していると述べ、「よき隣人は、自分自身を尊重するがゆえに他の人の権利も尊重する。よき隣人は、自分の義務を果たすとともに、隣人からなる世界で合意された義務を果たす」ものだと主張した。漠然とした表現ではあるが、これによってのちに「善隣外交」と称されるようになるラテンアメリカ諸国との関係改善を示唆した。

アメリカとラテンアメリカ諸国は、19世紀末以降、支配する側とされる側の関係にあった。アメリカは、宗主国のスペインから独立しようとしているキューバを支援するという理由で、1898年に米西戦争を始めた。スペインを撃退した後、アメリカはキューバを保護国にし、プエルトリコを併合した。その後、アメリカの海兵隊は、ドミニカ、ハイチ、グアテマラ、ニカラグア、パナマなどに侵攻し、軍事的な影響力を強めた。また、アメリカ人実業家による貿易の独占や投資活動を通じて現地経済を支配し、カリブ海地域を自分たちの「裏庭」にした。

こうした関係が30年近く続いてきた中で、ローズヴェルトの善隣外交は、ラテンアメリカ諸国への不介入、不干渉を掲げ、相互の関係を大きく転換しようとするものであった。まず、就任の翌年に1934年互恵関税法を制定して、互恵的な貿易協定を結ぶ権限を大統領に与えた。同法に基づいて最初の互恵貿易協定をブラジルとコロンビアの間に結び、貿易の促進に努めた。その後、1940年までに、キューバ、ハイチ、ホンデュラス、ニカラグア、グアテマラ、コスタリカ、エルサルバドル、エクアドル、ベネズエラとの間に同様の協定を結んだ。その主眼は、共和党政権時代の高関税政策を見直し、貿易を増やすことで、南北アメリカの経済的な統合を進めることにあった。

さらにローズヴェルトは、1934年5月にキューバ・アメリカ関係条約を結び、それまでキューバへのアメリカの干渉を認めてきたプラット条項を撤廃した。その後もグアンタナモ基地は維持され、アメリカの軍事的な影響力が一掃されたわけではなかったが、善隣外交というローズヴェルトのレトリックを象徴する政策となった。

ローズヴェルトは、フィリピンに対する外交政策も大きく変えた。米西戦争の際にフィリピンは、独立の闘士であるエミリオ・アギナルドがアメリカからの支援を受けてスペインからの独立を果たした。しかし、戦争の終結に際してスペインがアメリカと結んだ条約には、フィリピンをアメリカへ委譲することが定められていた。アギナルドはゲリラ戦を展開してアメリカの支配に抵抗したが逮捕された。

その後、フーヴァー政権期に大統領の拒否権を乗り越えて、フィリピンの独立を認める法律が成立したが、フィリピン議会は、その内容を不服として拒否した。ローズヴェルトは大統領に就任後、アメリカ軍の基地については撤退を基本的に認めるなど、同法の修正案を提案した。同法に残されている「不完全な点や不平等な点」については、相互の協議で改善していくという条件で、1934年3月にフィリピン独立法を成立させた。フィリピン議会もこの法律を受け入れ、10年後の独立が認められた。

ソ連の承認

ローズヴェルトによる初期の外交のもうひとつの成果は、ソ連の承認だった。1933年の段階で主要国の中でソ連を承認していないのはアメリカだけだった。ソ連はヨーロッパ諸国の主要な貿易相手国となっていたことから、アメリカもソ連と貿易を開始することで、景気回復につなげていくべきであるという意見が広く聞かれるようになっていた。かつて見られた反ボリシェビキ感情はすでに沈静化しており、世論調査では、ソ連の承認に反対する人は27%にすぎず、国民の大多数はソ連と友好的な関係を築くことを望んでいた。実業界も対ソ貿易の可能性に期待を寄せていた。また、極東における日ソの競合は、日本の大陸進出の緩衝材となっており、ソ連の承認は東アジアの情勢に鑑みても得策だった。

こうした状況の下で、ソ連との交渉が始まった。まず、ローズヴェルトは、１９３３年10月にワシントン在任でソ連の非公式な代表を務めていたボリス・スヴィルスキに連絡をとるよう側近に命じ、ソ連の承認に向けた条件の交渉を始めたいという旨の手紙を渡した。それを受けて、11月初めにソ連の外相マクシム・リトヴィノフがワシントンを訪れ、正式な交渉が始まった。

ソ連を承認する前に、いくつかの懸案事項を解決しなければならなかった。ソ連に住んでいるアメリカ人の信教の自由と法的な権利を保障すること、ソ連がアメリカに負っている未払いの負債を返済すること、アメリカ国内での共産党の宣伝活動を止めること、１９１９年に国有化されたソ連国内にあるアメリカの財産を返却することなどが話し合われた。交渉では、問題の解決に向けて多くの妥協がなされ、革命前にロシアがアメリカに所有していた財産を返すこと、没収されたソ連国内のアメリカの財産に対して、賠償金を払うことが合意された。ソ連の負債の返済については、今後も交渉を続けていくこと、ソ連に在住しているアメリカ人の信教の自由と法的な権利を保障すること、アメリカでの共産党の活動を止めることも確認された。

11月17日にローズヴェルトが文書に署名し、アメリカはソ連を承認した。ウィリアム・

C・ブリットが最初のソビエト大使に任命された。しかし、その後のソ連との関係には、さまざまな問題が生じた。ソ連は、アメリカ政府との取り決めを無視して負債の返済についでは協議に応じず、また、アメリカ国内での共産党の宣伝活動も続けた。こうしたやり方にローズヴェルトは憤慨した。さらに、最高指導者のヨシフ・スターリンによる大粛清で、多くの人々が処刑されたことが明らかになると、ソ連への失望は大きくなった。

中立法――孤立するアメリカ

1930年代のアメリカでは、第一次世界大戦の苦い経験から、二度とヨーロッパの戦争には巻き込まれたくないという考えが強くあり、国際情勢からあえて目をそらす雰囲気があった。連邦議会には、孤立主義を主導する有力な共和党の議員が多くおり、民主党の議員の中にも、それに同調する者が少なからずいた。

ローズヴェルトは、かつてウィルソン大統領を支持し、第一次世界大戦後は、国際協調派として民主党内で地位を固めてきた人物だった。ヨーロッパ情勢に積極的に関与することを厭《いと》わない、いわゆる介入主義の立場をとっていた。そのため、大統領就任後は、連邦議会の内外で孤立主義者との関係において、難しい舵取りを迫られることになった。

こうした状況の下で、孤立主義者の力によって1935年8月に中立法が成立し、武器や弾薬、軍需物資をアメリカから交戦中の国へ輸出することが禁じられた。ローズヴェルトと国務長官のハルは、中立法が制定されると、イギリスをはじめとする友好国への支援ができなくなると懸念したが、政治的な状況は圧倒的に孤立主義者に有利であり、その勢力を押しとどめることは不可能だった。

1935年中立法の制定には、ジェラルド・ナイ上院議員を委員長とする軍需産業調査特別委員会が、大きな影響を及ぼしていた。この通称ナイ委員会は、超党派の7名の議員で構成され、先の大戦時に軍需産業に携わっていた経営者や銀行家ら200人以上を証人として喚問した。

ナイ委員会は、モルガンやデュポンなど、アメリカを代表する実業家たちが戦争によって莫大《ばくだい》な利益を得ていたことを明らかにした。彼らが、自分の利益のためにウィルソン大統領に圧力をかけて、アメリカをヨーロッパの戦争に巻き込んだのであり、民主主義を守るためにドイツと戦うという参戦の大義は、全く建前だけのものだったと結論づけた。こうした報告は国民に大きな衝撃を与えた。戦争によって巨額の富を築いた「死の商人」への批判が高まったことで、中立法の制定にはずみがついた。

ローズヴェルトは、国際情勢に応じて大統領が中立の条件を柔軟に解釈することができるようにしたかったが、連邦議会はそのような規定を中立法に入れることに反対した。同法が成立して間もなく、イタリアがムッソリーニ政権の下でエチオピアへ侵攻したが、アメリカはこれを静観せざるをえなかった。

1936年7月にスペインで内戦が起こると、中立法をめぐり新たな動きが見られた。中立法は内戦には適用されなかったので、勃発当初、アメリカ製品をスペインへ輸出しようとする企業が出てきた。こうした状況に危機感を持った孤立主義者は、輸出をより厳格に規制するために、すぐさま対策を協議した。その結果、連邦議会で共同決議が出され、内戦にも中立法が適用されることになった。

スペイン内戦に対してアメリカ政府は中立の立場を表明したが、ローズヴェルトの考えは、それとは異なっていた。スペインでフランコが勝てば、ファシスト勢力がさらに力を増すことになることから、個人的には人民戦線政府(共和派)を支持していた。1938年の初夏には、ローズヴェルトの義理の弟であるグレイシー・ホール・ローズヴェルトが、150機の航空機をフランスからスペインへ密かに輸送しようとした。その試みは失敗に終わったが、この企てにローズヴェルトが関与していたのではないかという噂が立った。スペイン内戦は、1939年3月にフランコが率いる軍隊がマドリードを占領し、3年にわたり数十万人の犠牲者を出して戦いの幕を閉じた。ローズヴェルトの懸念は現実のものになった。

1936年に中立法はさらに厳格化され、アメリカ国外で生産された武器であっても、それをアメリカの商船が交戦国へ輸送することが禁じられた。また、アメリカ市民が交戦国の船で旅行することもできなくなった。

隔離演説

中立を脱したいというローズヴェルトの願望は、1937年10月5日にシカゴで行ったいわゆる隔離演説に端的に表れていた。シカゴは、孤立主義者が多い中西部の大都市であり、そこで、国際協調を謳った演説をすることで、少しでも世論を変えたいというのが当初の演説の目的だった。演説の草稿を作成したモーゲンソーとハルは、「3つの野蛮な国家」の愚行をアメリカ人は嫌悪しているといった旨のことを、ローズヴェルトに演説させようと考えていた。

しかし、実際に演説が始まると、ローズヴェルトは草稿にはない「隔離」という言葉を用いて、日独伊を批判した。

> 不幸なことに、世界に無秩序という伝染病が広がっているようです。身体を蝕《むしば》む伝染病が広がり出した場合、共同体は、伝染病への感染から人々を守るために患者を隔離することを認めています。（中略）宣戦布告されていようがいまいが、戦争は伝染病です。

戦闘が行われている場所から遠く隔たっている国々や人々を戦争は巻き込んでいきます。(中略)我々は戦争に巻き込まれるリスクを最小限にするために、戦争の局外に立つという方法をとっていますが、信頼と安全が崩壊している無秩序な世界で完全に身を守ることはできません。

この演説は、イギリスやフランス、中国には好意的に受け止められたが、国内では強い批判にさらされた。演説が行われた地元の『シカゴ・トリビューン』紙は、ローズヴェルトがシカゴを「戦争への恐怖を掻《か》き立てる世界的なハリケーンの中心」に変えてしまったと非難した。ハルも、このような演説は孤立主義者を刺激するだけで、政権への逆風にしかならないと嘆いた。国務次官のサムナー・ウェルズは、「大統領はめったに犯さない過ちを犯してしまった。あまりにも性急に国民を扇動し(中略)受け入れのための心理的な準備を怠ってしまった」と批判した。ローズヴェルトはこうした声を聞いて、「先頭に立って進もうとしているのに、振り返ってみると誰もついてきていないなんて、ひどい話だ」と嘆いた。

ユダヤ人難民への消極的対応

1938年の夏が終わる頃にはヨーロッパ情勢は急激に変化し、アメリカ人もそれに無関心ではいられなくなった。1938年9月に開かれたミュンヘン会談では、当事国であるチェコスロヴァキアが不参加のまま、ズデーテン地方をドイツへ割譲することが認められた。ヒトラーの領土拡大への野望がとまらない中で、英仏が宥和《ゆうわ》政策をとり、ドイツに譲歩したことは、アメリカ人にとって大きな衝撃だった。ヒトラーは翌年3月にドイツ軍をチェコスロヴァキアに進駐させ、民族運動を利用して解体した。

1938年11月に起きた水晶の夜事件（クリスタル・ナハト）によって、アメリカでは、ヒトラーに対する憎悪が決定的なものになった。この事件では、ユダヤ人の青年がパリのドイツ大使館を襲撃したという口実によって、ナチスの指示によりシナゴーグ（ユダヤ教の会堂）の焼き討ちやユダヤ人の商店・住宅の破壊、ユダヤ人への攻撃が行われた。100人近いユダヤ人が殺害され、3万人以上が逮捕されて、強制収容所へ送還された。ローズヴェルトは、「このようなことが20世紀の文明社会で起こるとはとうてい信じがたい」と、ナチスへの憎悪を露《あら》わにし、駐独大使のヒュー・R・ウィルソンをアメリカへ召還して、二度とドイツへ戻らせなかった。

しかし、こうしたナチスへの憎しみが、ユダヤ人難民の受け入れ方針を即座に変えることはなかった。ローズヴェルトは、ユダヤ人に対して同情はしていたが、依然として、国内ではまだかなりの失業者がおり、ユダヤ人の受け入れを拡大することに対しては消極的だった。

国際的な協力によって、ユダヤ人の受け入れを進めていくために、1938年7月に、フランスの保養地であるエヴィアン・レ・バンに33か国の代表を集めて会議が開かれた。ローズヴェルトは政府関係者ではなく、友人で実業家のマイロン・C・テイラーをアメリカの代表として、この会議に送った。各国の代表は、ユダヤ人を早急に受け入れる必要があることを確認したが、アメリカを含めて、ユダヤ人の積極的な受け入れを申し出る国はなかった。そして政府ではなく民間の団体がユダヤ人の救済に積極的に取り組んでいくべきだという結論を出して閉会した。

ユダヤ人の受け入れに対するローズヴェルトの消極的な態度は、1939年5月に起きたセントルイス号事件への対応にも如実に表れていた。この船はナチスの迫害を受けていた930人のユダヤ人を乗せて、ドイツからスウェーデンを経由してキューバへ航行した。しかし、当初の目的地であったキューバでは下船が許されなかったため、アメリカへの入国を認めてもらうためにフロリダ沖へ向かい停泊した。乗客の代表からなる交渉団は、そこからローズヴェルトに何度も電報を打ち、受け入れを求めた。しかし、返事が来ることはなかった。結局、セントルイス号は、ヨーロッパへ引き返し、乗客のうち多数がその後、強制収容所へ送られて死亡した。

翌年には、ポルトガルから来たクワンザ号に乗船していたユダヤ人が、ヴァージニア州のノーフォークに停泊中、アメリカ政府に救済を求めた。ユダヤ人たちはエレノアに電報を打ち、難民としてアメリカに上陸するための便宜を図ってくれるよう求めた。エレノアが、難民や子どもたちの救済活動に熱心であることを聞き及んでのことであった。エレノアは、夫や国務省に懸命に頼み込み、何とか81名が難民としてアメリカに受け入れられることになった。

しかし、こうした特例的な措置に反発する人々は多くおり、アメリカへの渡航はユダヤ人が期待したほど進まなかった。ユダヤ人のアメリカへの受け入れには、当時の移民法が設けていた国別の割り当て枠の中で入国を許可していく方法が踏襲された。ドイツの枠は、年間2万5957人と定められており、ナチスが政権についた直後から、この枠を利用してアメリカへ移民として渡ろうと試みるユダヤ人が殺到していた。だが、ビザの申請手続きが煩雑で、発給までにかなり長い時間を要した。

結局、アメリカは1933年から1940年までの間に、通常の移民受け入れの枠内で10万5000人のユダヤ人をアメリカへ入国させた。この数は他のどこの国よりも多かったが、世論は受け入れに消極的だった。『フォーチュン』誌の調査でもユダヤ人を難民として救済するために割り当て枠を拡大すべきだとする人は5%にも満たなかった。こうした中で、ローズヴェルトは、ユダヤ人を難民として移民法の枠外で受け入れるのは、政治的なリスクが大きいと判断し、この時点で、これ以上のユダヤ人をアメリカへ受け入れようとはしなかった。

イギリス国王夫妻の訪米

この頃、あらゆる方法を用いてローズヴェルトは、中立法の維持を主張する人々の考えを変えようとした。イギリス国王夫妻の訪米もそのひとつであった。1939年6月にローズヴェルトの招きにより、イギリスのジョージ6世がエリザベス王妃とともに訪米した。植民地時代も含めて在位中のイギリス国王がアメリカを訪れたのは初めてのことであり、両国の新時代を告げる歴史的な訪問となった。

前年にドイツはオーストリアを併合し、その後はチェコスロヴァキアを解体していた。ナチスのさらなる勢力拡大により、ヨーロッパは開戦の崖《がけ》っぷちにあった。ローズヴェルトは、ヨーロッパで危機的な状況に置かれているイギリスへの同情を喚起して、国民にイギリスへの支援の必要性を認めさせるために、国王夫妻の来訪の計画を練った。

国王夫妻は、6月8日にワシントンに到着した。その歴史的な瞬間を見ようと、沿道には大勢の人々が詰めかけた。イギリス大使館で歓迎のレセプションが行われたあと、国王夫妻はホワイトハウスへ移動した。そこで、ローズヴェルトが主催する晩餐《ばんさん》会と音楽会に出席した。翌日は、ポトマック川をヨットで下り、ヴァージニア州のマウント・バーノンを訪れた。そこは、初代大統領ジョージ・ワシントンの邸宅の跡で、史跡に指定されている広大なプランテーションを見学した。その後、車でフォート・ハントのCCCキャンプへ行き、働く青年たちと言葉を交わし、アーリントン墓地で無名戦士の墓に献花した。

イギリス国王夫妻の訪米（1939年）

次の日は、ハイド・パークにあるローズヴェルトの私邸に招かれた。国王夫妻を感激させたのは、アメリカ流の素朴なおもてなしだった。ローズヴェルトは国王夫妻をまず、居間に招き入れ、お得意のマティーニを作った。そして、「私の母は国王ご夫妻にカクテルをお出しすることに大反対で、紅茶をお出しすべきだと言い張っているのですが」と言ってグラスを差し出した。すると、国王は「私の母みたいですね」と茶目っ気たっぷりに応じ、二人は笑いながらグラスを傾けて乾杯した。夕食は、国王夫妻とローズヴェルト、エレノア、母サラがひとつのテーブルを囲み、親しい「ふたつの家族」としてアメリカの家庭料理を堪能《たんのう》し、おしゃべりを楽しんだ。

国王夫妻は、ローズヴェルトの私邸に一泊し、翌日は、丘の上のコテージのポーチで、アメリカ風のピクニックをした。再び母の反対を押し切って、ローズヴェルトは国王夫妻にホットドッグを出した。その他にも、ハム、七面鳥、クランベリー・ソース、サラダ、イチゴのショートケーキなどがテーブルに並べられ、アメリカ人が週末に家族で楽しむような料理を振る舞った。

公にはされなかったが滞在中、ローズヴェルトは、イギリスが現在置かれている状況と今後の見通しについて国王と協議しており、イギリスに対する軍事的な支援の可能性について話し合った。国王は、ローズヴェルトの気取らない人柄に魅了され、この時のことを、「まるで父親が私に、思慮深く賢明なアドヴァイスをしてくれているようだった」と回顧している。

国王夫妻がハイド・パークを離れる日には、地元の小さな駅に見送りの人が殺到した。間もなく戦争が始まるかもしれないイギリスへ戻る国王夫妻の無事を願いながら、人々は列車が見えなくなるまで懸命に手を振った。

国王夫妻の訪米は無事、終わった。全米の新聞が、滞在中の一部始終を報道し、国民はそれを読んで、国王夫妻がアメリカ滞在を心から楽しんだことを知った。この訪問によって、イギリスとアメリカの友好的な関係が演出され、国民のイギリスへの同情は急速に増した。ローズヴェルトの企ては、アメリカの世論を変えるという点において、大きな成功を収めた。

第二次世界大戦の勃発

ナチス・ドイツは、1939年9月1日にポーランドへ侵攻した。イギリス政府は撤退を求めたが、期限を過ぎても応答がなかったため、ドイツに宣戦布告し、フランスもこれに続いた。ローズヴェルトは、この日の夜の炉辺談話で開戦に触れ、アメリカの対応について国民に説明した。まず、アメリカはあくまでも中立の立場を貫くことを表明し、西半球の国々が戦争に巻き込まれないようにするために、党派や利己主義を越えて国民が団結しなければならないと訴えた。だが、ローズヴェルトはこの放送で、自分の複雑な心境を隠さなかった。アメリカは中立を保つが、「ひとりひとりのアメリカ人にその考えにおいて中立であることを求めるわけではありません」と述べ、大統領として公には中立を宣言しながらも、個人的にはイギリスを支援したいという気持ちをにじませた。

開戦後、ポーランドは勇敢にドイツ軍と戦った。ローズヴェルトは英仏に武器を提供して、ナチスを打ち負かすことができれば、アメリカは戦う必要がなくなるという考えから、中立法の改正を求めた。それに対し、孤立主義者は猛然と反発した。その先鋒は、上院外交関係委員会の有力なメンバーであるウィリアム・E・ボーラ上院議員だった。彼は、アメリカが英仏へ武器を売却すれば、ヨーロッパの戦争への積極的な介入が始まるとして警鐘を鳴らした。また、有名な飛行家であるリンドバーグや中西部の革新派、社会主義者、共産主義者、キリスト教平和主義者、ドイツ系アメリカ人の団体など、さまざまな立場からヨーロッパの戦争への介入に反対する人々が声をあげ、中立法の改正に反対した。

だが、ローズヴェルトはあきらめなかった。ファシズムから民主主義を守ることができるのはアメリカしかなく、アメリカの物的な支援がなければ英仏はナチスに勝つことができないと確信していた。そして、孤立主義者と妥協できるラインを探ることで、中立法の改正を進めようとした。ドイツの潜水艦が攻撃を仕掛けてくる可能性が高い大西洋でアメリカの船に武器を運ばせるのは大きな危険を伴うため、自国の船でアメリカから買った武器を輸送させ、また、支払いも現金のみとして、アメリカが融資をしないやり方が最も現実的であるように思われた。ローズヴェルトは、これを「現金・自国船方式」と名づけて、中立法改正の中心に据えた。

この案を認めさせるために、9月21日に連邦議会での演説に臨んだ。なぜ今、中立法の改正が必要なのかを説明する中で、中立法の改正がアメリカを戦争に巻き込むという孤立主義者の批判は全く的を射ておらず、むしろ逆に改正によって、アメリカの安全保障を強化することができるのだと強調した。演説の最後にローズヴェルトは、「アメリカの国民はひとつになり、ひとつの心、ひとつの精神、ひとつの決意をもって、神の御前を進まなければならない」と述べて、改正への強い決意を表明した。

この演説は、連邦議会の議員のみならず多くの国民の心を動かし、翌日からホワイトハウスに手紙が殺到した。その大半はローズヴェルトへの支持を綴《つづ》ったものだった。この間のヨーロッパの戦況も、中立法の改正をめぐる世論を変えていった。開戦前にドイツと結んだ不可侵条約に基づいて、ソ連が9月17日にポーランドへ侵攻し、ポーランドの半分近くを獲得した。残りの半分はドイツ領になり、ポーランドは消滅した。

こうしたアメリカ人の想像を絶するような展開の中で、中立法の改正は、今、世界がアメリカに求めていることであると思われた。孤立主義を主張している議員の中にも、次第にローズヴェルトに理解を示す者が増えてきた。中立法の改正のための法案は、連邦議会で4週間にわたり審議され、11月初めに投票が行われた。結果は、上院では賛成63、反対30、下院では賛成243、反対181となり、1939年中立法として成立した。これによって、アメリカからヨーロッパへの武器の禁輸が解かれ、「現金・自国船方式」で交戦国への武器の提供が認められるようになった。

チャーチルからの要請

その後、ヨーロッパでは地上での武力衝突が中断され、つかの間の静けさが続いた。この間も、通常の執務に加えて、国務省や軍部からの報告を受ける回数が増え、目を通さなければならない電報や書類も山積していた。だが、ローズヴェルトは、平常心で日々の執務にあたり、どんな時もマイペースを崩さなかった。激務の最中にあっても、自分でストレスを解消するすべを心得ていた。毎晩のように来客と夜のカクテルを楽しみ、土曜日の晩には、側近とポーカーをするのがお決まりだった。ポーカーはいつも深夜まで続いたが、誰も手加減をしなかったので、ローズヴェルトはよく負けた。また、どんなに忙しくても週に3回はプールへ行って水泳をし、月に一度はヨットでクルーズに出かけた。

「まやかし戦争」は、1940年4月9日未明に突然、終わった。ドイツ軍がデンマークへ侵攻し、さらにノルウェーを占領して、バルチック海を掌握した。翌月になると、ドイツ軍は突如、オランダとベルギーに侵攻し、その後、北フランスへと進んだ。電撃戦を展開し、英仏軍を中心とする連合軍をフランス北端の港町ダンケルクへと追い詰めた。

ヨーロッパ大陸の国々が相次いでドイツに倒される中で、イギリスの政治情勢は大きく変わった。国民の支持を失ったネヴィル・チェンバレン首相が辞任に追い込まれ、対独強硬派のウィンストン・チャーチルが組閣し新政権が発足した。ローズヴェルトはチャーチルを、大酒のみだが、有事に最も首相にふさわしい人物であるとして歓迎した。チャーチルは首相になるとすぐさまローズヴェルトに連絡をとり、できるだけ早い時期にイギリスに支援の手を差し伸べてくれるよう懇願した。

チャーチルからの要請に対して、ローズヴェルトは大風呂敷を広げて応えた。アメリカは当時、年間6000機の飛行機を生産しているにすぎなかったが、ローズヴェルトはそれを5万機にすることを航空機メーカーに求めた。これは、とてつもない数であり、生産能力をはるかに越えた目標だった。ローズヴェルトが5万機という数字をあげたのは、単なる思いつきでしかなかったが、不可能を可能にできると常に信じてきたアメリカ人のやる気に訴えるには十分な目標値だった。

ローズヴェルトは、5月26日に炉辺談話を放送し、ヨーロッパの戦況について語った。ノルウェー、オランダ、ベルギー、ルクセンブルク、フランスがナチスに攻撃され、罪のない民間人が戦火の中を逃げまどっていることを国民に伝えた。そして、「我々は、家を失い、家財を焼かれ、食べるものもない人々を助けなければなりません」として、明日にでも家の近くの赤十字へ出向いて寄付をするように呼びかけた。

そして、アメリカの軍事力の潜在的な能力について言及した。参戦せずに航空機、戦車、銃器、戦艦など、「あらゆる種類の武器を作ることができるアメリカの製造業の創意」を最大限に活用して、圧倒的な生産力をもって連合国を支援していくつもりであると国民に伝えた。これは、ヨーロッパ諸国をナチスの攻撃から救い出すだけでなく、アメリカ国内で何万人もの失業者に雇用を提供することにもつながると説いた。

「背後の一突き」演説

1940年6月10日、ローズヴェルトは、ヴァージニア大学の卒業式に参列した。息子のフランクリン・ジュニアが、ロースクールを卒業するので、父兄のひとりとして出席することにしたのである。大学側はローズヴェルトに式典でのスピーチを依頼していたが、多忙を理由に直前まで返事を保留していた。

大学があるヴァージニア州のシャーロッツヴィルに向かうために、ワシントンから列車に乗ろうとした時、イタリアがフランスに宣戦布告したという知らせが届いた。ローズヴェルトは急遽、卒業式のスピーチを引き受け、これを取り上げることにした。式典では、卒業生に祝福の言葉を一通り述べたあと、「短剣を持った手が背後から隣人を刺した」という表現を用いて、イタリアがいかに卑劣で、国際社会のルールに背いているのか熱弁をふるった。この演説は、のちに「背後の一突き」演説として知られるようになるが、そこには、ヨーロッパでの戦争を拡大させないと約束していたムッソリーニの裏切りに対するローズヴェルトの激しい怒りが込められていた。イタリアが枢軸国として参戦すると、地中海の平和が失われ、中東やアフリカへと戦争が拡大していくことが懸念された。

シャーロッツヴィルから戻ると、ローズヴェルトは内閣の改造に手をつけた。戦争の足音がアメリカに忍び寄りつつある中で、陸軍省と海軍省を再編し、よりふさわしい人材を配置することが目的だった。陸軍長官にはヘンリー・L・スティムソンが、海軍長官にはフランク・ノックスが任命された。スティムソンとノックスは、次官以下のポストに適任と思う者をそれぞれ自分で選んで、ワシントンへ連れてきた。

ヘンリー・スティムソン

おもしろいことに、スティムソンもノックスも共和党の大物であり、その二人が選んだ人物も、ひとりを除いて誰もニューディールを支持したことがなく、ローズヴェルトに票を入れたこともなかった。この改造でローズヴェルトが最も重視したのは、孤立主義者の勢力を抑え込むことであり、ニューディールを支持しているかどうかは、どうでもよかった。この新しい超党派の内閣は、その後、間もなく最高司令官として大戦を指揮することになるローズヴェルトに献身的に仕えた。

準戦時体制の確立

ローズヴェルトにとって、6月と7月は悪夢のような日々が続いた。ドイツ軍は、6月14日にパリへ侵攻し、16日にフランスのポール・レノー内閣は総辞職した。その後継となったフィリップ・ペタンがドイツに降伏したため、パリを含むフランス北部はドイツに占領された。フランス南部はペタンを首班とするフランス国（ヴィシー政府）となったが、事実上、ドイツの支配下に置かれた。亡命政府はロンドンで自由フランスを結成して、対独抗戦の継続を呼びかけた。

7月に入ると、バトル・オブ・ブリテン（英国空中戦）が始まった。ドイツ軍は、海峡上空の制空権を獲得することはできず、イギリスへの上陸作戦は頓挫《とんざ》したが、ロンドンの空襲は57日間も続き、民間人の犠牲者は4万3000人にものぼった。ロンドン以外にも、バーミンガム、ブリストル、マンチェスターなどの都市が大規模な空襲の被害を受けた。海上ではドイツの潜水艦による攻撃が激しさを増し、何百隻ものイギリスの商船が撃沈された。戦況が切迫する中で、イギリスは破産の危機に直面した。もはや、「現金・自国船方式」ではアメリカから武器を購入することができなくなり、チャーチルは再三にわたりローズヴェルトに支援を求めてきた。

しかし、ローズヴェルトは、イギリスを助けるためにこれ以上、何ができるのかわからなかった。現行の中立法の下で、イギリスを支援する方法は、すでに尽きているように思われた。だが、救いの手は思わぬところから差し伸べられた。7月上旬にニューヨークで、センチュリー・グループという社交クラブの会合が開かれ、30名ほどの弁護士、知識人、ジャーナリスト、大学学長、軍人らが集った。このクラブは、外交問題評議会のフランシス・ピケンズ・ミラーを事務局長とする、介入主義者の集まりであり、イギリスへの支援の可能性を探るために議論を重ねていた。

この日、センチュリー・グループが出したのは、次のような提案だった。アメリカは50隻の駆逐艦をイギリスへ提供し、その代わりに、イギリスが所有している西半球の8つの海軍基地を99年のリースでアメリカが使用できるようにするというものだった。この助言にローズヴェルトは飛びつき、さっそく、閣僚たちに諮り承認を得た。そして、錆《さ》びついて老朽化していたが、まだ十分使用に耐えうる駆逐艦50隻をカナダのハリファックスへ直ちに運ばせて、イギリスへ引き渡した。ローズヴェルトは、この交換を「ルイジアナ購入以来、国防を強化するための最も重要な行動である」と、最初から自分のアイディアであるかのように自賛した。この交換は事実上、アメリカの中立の終わりを告げるものとなった。チャーチルは、この協定の締結によって両国は、「ミシシッピ川のようにとどまることなく、ともにとうと

う と流れていくことになった」と述べている。

この時期には、もうひとつ別の重要な事案が、民間人の主導で進められた。それは、アメリカ史上、平時では初となる徴兵を実施するための法案の提出であった。この法案の推進者は、弁護士のグレンヴィル・クラークが率いる民間人のグループだった。ローズヴェルトは当初、秋に行われる大統領選挙への影響を恐れて、徴兵の問題には触れないようにしていた。そのため、ローズヴェルトの後押しがないまま、この法案は、6月に連邦議会へ提出された。政権内では、陸軍長官のスティムソンと陸軍参謀総長のジョージ・マーシャルが、法案に賛成していた。スティムソンは公聴会で「選抜徴兵制は兵士を集めるのに、唯一公平で、効率的で、民主的な方法である」と主張した。

7月下旬に徴兵制に関する世論調査が行われると、国民の7割近くが徴兵制の導入に賛成しているという結果が出た。これを知ったローズヴェルトは、態度を一変させた。法案への支持を初めて公にし、徴兵制の導入は国防に不可欠だと述べるようになった。法案は、9月半ばに連邦議会を通過し、平時でありながら選抜徴兵法の下で、21歳から35歳までの男性の登録が義務づけられることになった。10月の末には、徴兵番号の抽選が行われ、登録した男性の中から、1年間の軍事訓練を受ける者が選ばれた。

ローズヴェルトは、徴兵制を導入しても、あくまでもアメリカが参戦してからの派兵になると考えていた。10月30日にボストン・ガーデンで行った演説では、次のように語っている。「私は親御さんたちに保証します。（中略）みなさんのご子息は、外国の戦争に送られることはありません」。それまでローズヴェルトは、「アメリカが攻撃されない限り」、アメリカ人が戦地に送られることはないと言い続けており、この日も、スピーチライターが書いた原稿には、そうした表現が用いられていた。しかし、実際の演説では、「アメリカが攻撃されない限り」という条件をつけなかった。演説のあと、側近がこの点を問いただすと、ローズヴェルトは、もしアメリカが攻撃されれば、もはや「外国の戦争」ではなくなるから、この言い方で何の問題もないよと笑い飛ばした。

3期目への迷い

ヨーロッパの戦況が予断を許さない中で、1940年11月に大統領選挙が行われた。当時はまだ、大統領の3選を妨げる憲法上の規定はなかったが、自分が3期目を務めることに対して、ローズヴェルトは当初、かなりの迷いがあった。その頃、すでに引退後の計画を練っており、故郷のハイド・パークでは、アメリカで初となる大統領図書館の設立準備が進んでいた。そこには、ニューヨーク州上院議員時代からの公的な文書に加えて、幼い頃から収集していた切手やコイン、鳥の剝製、書籍などを展示する予定であり、近くに住んでいたいと

愛犬ファラとハイド・パークの自宅で

このマーガレットが、膨大な書類や品々の仕分け作業を始めていた。

ハイド・パークの私邸の敷地には、新たに3ベッドルームのコテージが建てられ、車椅子で移動できるような仕様に出来上がっていた。そこには、お気に入りの家具もすでに搬入されていた。ローズヴェルトは、「もう本当に疲れたよ。これ以上、大統領を続けることはできない。早くハイド・パークに帰りたい」と家族や親しい友人に常々もらしていた。

2期目を終えたら側近のホプキンズに後を任せようと考えていた。ホプキンズは、亡くなったハウの役割を継いで、ローズヴェルトの右腕となっていた。だが不幸なことに、1939年の夏にホプキンズは胃がんになり、胃の4分の3を切除する大手術を受けた。その後は、栄養がうまくとれず、体力が落ちてしまい、以前のように仕事をすることができなくなった。

ローズヴェルトは、自分の後継者になる可能性がある何人かの民主党員に出馬を打診した。しかし、これといった人物はおらず、結局、ヨーロッパの戦況に鑑みて、3選を目指す決心をした。エレノアは、「夫は迷っていたと思います。3選は望ましくないとよく話していました。でも同時に、その頃起こっていたことに対する責任を強く感じていました」と述べている。

今回の大統領選挙では、副大統領候補の人選に手間取った。現職の副大統領であるジョン・N・ガーナーが、ローズヴェルトに反旗を翻し、民主党の大統領候補に自ら名乗りをあげるという前代未聞の事態が起きていたためである。ガーナーは、政権の1期目から副大統領を務めていたが、次第にニューディールのリベラルな政策に反対するようになり、ローズヴェルトと袂《たもと》を分かった。

ヘンリー・ウォーレス

新たな副大統領候補として選ばれたのは、農務長官のウォーレスだった。彼は、アイオワ州の農家に生まれ、農業問題に精通していた。1933年の政権発足以来、農務長官を務めてきた、側近中の側近であり、ローズヴェルトが最も信頼を寄せていた人物のひとりだった。中西部と農民の票を固める上でも、ウォーレスを副大統領候補にするのは得策だと思われた。ウォーレスは、反ファシズムの立場を早くから明確にしており、アメリカは民主主義の砦《とりで》としてドイツに立ち向かうべきであると主張していた。そうしたことからも、ローズヴェルトにとって好ましい伴走者だった。

しかし、この人選に問題がないわけではなかった。まず、ウォーレスは選挙に出たことはなく、議員としての経験がなかった。彼があまりにもリベラルすぎると批判する人も少なくなかった。彼はニューエイジのスピリチュアリズムを信じており、オカルト好きな変人だと周囲からは見られていた。さらに、共和党支持者の家庭に生まれ、1936年まで民主党員として登録していなかったため、民主党内には彼の党への忠誠心を疑う声もあった。しかし、こうした批判や反発に対して、ローズヴェルトはいっさい耳を貸さなかった。ひとたびウォーレスを副大統領候補に選ぶと、再選を目指して一目散に進んだ。

1940年大統領選挙

ローズヴェルトは選挙戦を通じて、孤立主義の空気が依然として強いことを感じていた。6月と7月に行われた世論調査では、61%がヨーロッパの戦争に関与すべきではないと答えており、国民はまだ参戦には傾いていなかった。しかし、興味深いことに、この調査の回答者の73%がイギリスに必要な支援は可能な限り行うべきだとしていた。これは、ヨーロッパの戦況に後押しされる形で、連合国への支援を徐々に拡大してきたローズヴェルトに、世論がついてきていることを示す数字であった。

党大会で、ローズヴェルトは1度目の投票で指名を獲得した。指名受諾演説では、大統領職を引退したいという自分の思いと、「良心という静かで目に見えないもの」のはざまで揺れる心中を吐露した。連邦議会で選抜徴兵制の法案の審議が始まったことに言及し、国民に対して国のために尽くすよう求めながら、自分が国に尽くすのをやめるわけにはいかないと述べた。そして、戦争の拡大を阻止し、独裁的な政府を打倒するために戦っている国々を支援することが、今我々がなすべきことであり、「行動か誤った宥和の子守歌か」どちらかを選ばなければならないのだと聴衆に訴えた。

一方、共和党は、フィラデルフィアで党大会を開催したが、大統領候補の選出は迷走した。いかなる理由であれ孤立主義を守るべきだという人々と、イギリスへの支援が必要だと考える人々の間で共和党は分断されていた。最終的に選ばれたのは、電力・ガス会社を経営するウェンデル・L・ウィルキーだった。しかし、ウィルキーは、ビッグビジネスの利害を代表していると見なされたため、一般大衆の支持を得ることは難しかった。多くの国民は、大資本家の利己的な行動が大恐慌を引き起こしたと信じており、ウィルキーが遊説に行くと、聴

大統領選挙に向けて遊説するローズヴェルト（1940年）

衆が腐った果物や野菜を投げつけて追い返すこともあった。

ローズヴェルトは、10月23日のフィラデルフィアでの集会で選挙戦のスタートを切った。現職の大統領でありながら、大都市を精力的に回り、11月2日にオハイオ州クリーヴランドで選挙戦を終えた。側近のサミュエル・ローゼンマンは、選挙戦の最後の演説が最も優れていたと評価している。演説の原稿は、ローゼンマンや脚本家のロバート・シャーウッドらのスピーチライターが最初に書き、それをローズヴェルトが何度も推敲《すいこう》して、自分の言葉と心で語ることができるようになるまで練習するという方法をとっていた。このクリーヴランドでの演説でも、ローズヴェルトは、自分が目指す社会のあり方を平易な言葉で語った。

工場労働者が働き盛りの年齢を過ぎても解雇されることがない、何世代にもわたって続く終わりのない貧困の連鎖が存在しない、貧しい農民や農業労働者がホームレスになりさまようことがない、若者が独占的な企業に仕事を乞うことがない、そうしたアメリカが私には見えます。（中略）身体的にも精神的にも安定し、何事も恐れず、自由を尊び、寛容で信仰心を持ち、（中略）平和に身を捧げるアメリカが私には見えます。

1940年11月5日の投票日には、過去最高の5000万人が投票に行った。結果は、ローズヴェルトが2730万票（54・7％）を獲得し、38州で勝利を収めた。前の2回の選挙ほどの大差で共和党の候補を破ることはできなかったが、組織労働者、農民、黒人からの圧倒的な支持と、北部の大都市と南部の票を手堅くまとめて当選した。同時に行われた連邦議員の選挙で、民主党は下院で5議席を増やし、上院で3議席を失ったが、両院で多数を維持した。

「民主主義の兵器廠」

再選後、ローズヴェルトは、西インド諸島の米軍基地を視察するという名目でタスカルーサ号に乗って航海に出た。側近も同行していたが、事実上、選挙運動の疲れを癒やすためのバカンスだった。日中は釣りをしたり、甲板で昼寝や日光浴をしてくつろぎ、日が暮れると、同行者とポーカーに興じたり、映画を鑑賞したりした。

ローズヴェルトは、つかの間の休息を楽しんでいたが、内心はイギリスの窮状に頭を悩ませていた。船がアンティグア島に停泊している間に、チャーチルから窮状を訴える電報が届いた。そこには、もやはイギリスは、アメリカから購入した物資の支払いを現金ではできなくなっていることが切々と述べられていた。ローズヴェルトは、船上のデッキチェアに座り、その電報を何度も読み返した。側近に助言を求めることなく、ひとりで、これからどのようにイギリスを支援していくべきか策を練った。

最終的にたどり着いたのは、イギリスへ「武器を貸与する」という方法だった。アメリカからイギリスへ武器や軍事物資を無償で送り、戦争が終結したら現物を返還してもらうことで、何とかこの急場をしのげるのではないかと考えた。ワシントンへ戻ると、さっそく記者会見を開き、イギリスの窮状とアメリカの支援の必要性について、次のようなたとえ話を用いて説明した。

隣の家が火事になった。植木に水をやるホースが自分のうちの庭にある。そのホースは店で15ドルするものだった。そんな時、隣人に「15ドルをまず支払ってください。そうしたらホースを使わせてあげましょう」などと言う人がいるでしょうか。

年の瀬も押し迫った12月29日の炉辺談話でもこの問題を取り上げて、国民に語りかけた。この談話は、日曜日に放送されたが、放送が始まると町中から人がいなくなった。放送を聞くためにレストランや映画館からも客が去り、からっぽになった。国民の75%が、この放送をラジオで聞くか、翌日の新聞でその内容を読んだという。

ラジオの前にいる国民に向けて、ローズヴェルトは、イギリスへの支援の必要性について次のように述べた。「誰もトラを手なずけてネコにすることはできない」ように、過去2年間の経験から、どの国もナチス・ドイツと融和できないことが明らかになった。もし今後、イギリスがナチスに征服されたならば、ナチスはとてつもない戦力を西半球に向けることになるだろう。アメリカはそうした危険を避けるために、現在ナチスと戦っているヨーロッパの人々を支援しなければならない。参戦ではなく連合軍に軍需品を供給することが、今、アメリカに求められているのである。

　我々は偉大な民主主義の兵器廠にならなければなりません。（中略）我々は、戦争をしている時と同じような決意と緊急性、愛国心と犠牲の気持ちをもって、自分の任務にあたらなければなりません。（中略）いかなる独裁者も我々の決意を挫《くじ》くことはできないのです。

この炉辺談話の翌日から、ホワイトハウスに手紙が殺到した。その大半は、ローズヴェルトの演説に感銘し、ナチス・ドイツを打倒するために自分も出来る限りのことをしたいという熱意に満ちた手紙だった。この日の炉辺談話の内容と国民からの反響は、すぐさまチャーチルにも知らされた。チャーチルは感激して、深い感謝の念をローズヴェルトに伝えた。

武器貸与法

年が明けて、1941年1月6日にローズヴェルトは一般教書を連邦議会へ送った。ここでも、軍需生産を拡大して連合国への軍需品の調達に努めることを述べ、自己犠牲の精神をもって困難に立ち向かうよう国民を鼓舞した。そして、「4つの自由」――言論・表現の自由、信教の自由、欠乏からの自由、恐怖からの自由――に言及した。これらの自由が保障された世界は、枢軸国の独裁者が築こうとしている「新秩序」に対峙《たいじ》するものである。民主主義に内在する「道徳的な秩序」は、独裁者が唱える「新秩序」よりもはるかに優れているという内容だった。なかでも「恐怖からの自由」には、いかなる国も他国に対して侵略的な行為をとることは許されないという意味が込められており、この戦争が民主主義とファシズムの戦いであることを宣言するものであった。

イギリスへの武器の貸与というアイディアは、この後すぐに法案として連邦議会へ提出された。議会では、依然として孤立主義の立場をとる議員が少なくなく、法案のゆくえは楽観視できなかった。その一方で、世論調査では、回答者の70%がこの法案への支持を表明しており、ローズヴェルトは、国民が自分の背中を後押ししてくれていることを実感していた。

武器貸与法案は、3月に入り上下院を通過した。この法律の成立によって、イギリスをはじめナチス・ドイツと戦っている国々に対し、貸与またはリースで、アメリカから武器や軍需品を提供することが可能になった。連邦議会はすぐさま武器貸与のために70億ドルを支出することを決め、イギリスへの物資の輸送が始まった。

しかしその後も、連合国の劣勢は続いた。1941年4月になると、ナチス・ドイツはバルカン半島に侵攻し、ユーゴスラヴィアとギリシャを制圧した。太平洋上では、ドイツの潜水艦がイギリスの船舶を次々と撃沈させ、イギリスは危機的な状況に陥った。この間、チャーチルは繰り返しアメリカに参戦を促してきたが、ローズヴェルトは、武器の貸与が現時点でできる精一杯の支援であるとチャーチルを説得した。

5月の初旬、ローズヴェルトは体調を崩し、2週間近くにわたり公務を休んだ。腹痛と発熱が続いた。マッキンタイア医師は、激務のため大腸が不調になり、貧血も起きていると診断した。直ちに輸血をし、鉄分を投与して、しばらく安静にするよう指示した。

病から回復すると5月27日に炉辺談話を放送し、武器貸与法の必要性について国民に説明した。現在、この法律の下で、「合衆国の国防に不可欠である国々に」物的な援助を行っているが、ナチス・ドイツの勢力は非常に広範囲に及んでいる。北アフリカではリビアを占領し、エジプト、スエズ運河、中近東を脅かしている。スペインとポルトガルも危機に直面している。さらに、ダカール（セネガル）、アゾレス諸島（大西洋上にあるポルトガル領の群島）、ヴェルデ岬（セネガル西部の岬）まで勢力を拡大しつつあると述べた。ここでローズヴェルトが力を込めたのは、ナチスが西半球に近づきつつあるという点だった。

さらに、アメリカからイギリスへの物資の供給に使われている大西洋の北側の航路にも、ナチスは勢力を拡張していた。アイスランドやグリーンランドの基地に触手を伸ばしつつあり、そこは、カナダのラブラドル、ニューファンドランド、ノヴァスコシアへとつながっている。「アメリカへの攻撃は、北であれ南であれ、どこかの基地を［ナチスが］支配し、我々の安全保障を脅かすことによって始まる」のであり、それを阻止するために、西半球の国々が団結しなければならないと訴えた。

アメリカ中の人々が、ダイニングテーブルの上に広げた世界地図や、子ども部屋から急いで持ってきた地球儀をのぞき込み、大統領があげる国や地域をひとつひとつ確認しながら、ラジオを聞いた。そして、大統領の言う、自分が果たすことができる「役割」とは何なのか、今、自分にできることは何なのか思いをめぐらせた。

ソ連への援助

武器貸与法の対象国はその後、拡大されていき、日中戦争を戦っている中国の蔣介石《しょうかいせき》政権へも4月以降、武器が貸与されるようになった。さらに、6月22日にドイツ軍がソ連に侵攻し、独ソ戦が始まると、武器貸与法の対象にソ連を含める可能性が出てきた。ドイツ軍は7月中旬には、モスクワまであと320キロの地点にまで迫り、数十万人のソ連兵が戦死し、60万人以上がドイツ軍の捕虜にされた。ソ連は絶体絶命のピンチに陥っていた。

だが、ローズヴェルトはすぐにソ連への援助を決めたわけではなかった。政権内でも連邦議会でも、ソ連を支援するべきか否か、大きく意見が分かれており、さまざまな要因を勘案しなければならなかった。『シカゴ・トリビューン』紙をはじめ、孤立主義を支持するメディアは、こぞってソ連への支援に反対する論説を掲載した。共和党の有力な上院議員であるロバート・タフトは、「共産主義の勝利は、ファシズムの勝利よりもアメリカにとって危険である」と述べて異議を唱えた。また、政権内部でも反対が強かった。スティムソンとノックスは、武器貸与法に基づいてソ連に軍需物資を送っても、ドイツ軍の手に渡ってしまうと懸念した。スティムソンは、ソ連を支援するよりも、イギリスへの支援をさらに増やすことで、ドイツへの攻撃を強める方が効果的であると主張した。

共産主義は無神論を掲げているという理由から、アメリカの宗教界もソ連への支援に反対した。なかでもカトリック教会は、1937年のローマ法王ピウス11世の回勅《かいちょく》が、共産主義を否定していたことから、ソ連と対立していた。

ローズヴェルトは、それぞれの意見をじっくりと検討した。最終的に下したのは、ナチスを撃退することが目的である限り、ソ連を支援するのは当然だという判断だった。1933年にソ連を承認した時と同じように、この問題に関しても国務省には主導権を持たせず、自分でソ連との交渉を取り仕切った。まず、側近のホプキンズを特使としてソ連へ送り、スターリンに面会させた。その後、ソ連の駐米大使をホワイトハウスへよび、具体的な援助の内容を話し合った。ソ連側は、すぐさまアメリカに供給してもらいたい品目のリストを作成し、18億ドルにのぼる物資の提供を願い出た。秋に結ばれたモスクワ議定書に基づいて、武器貸与法がソ連へ正式に適用されることになり、トラック、戦車、機関銃、戦闘機、爆撃機に加えて、兵士の食糧と衣類などが送られた。この頃には、アメリカ人の72%がソ連の勝利を望んでおり、ローズヴェルトは世論を味方につけていた。

カトリック教会への対応としては、ローズヴェルトがピウス11世に直接、手紙を送り、アメリカがソ連を支援することの意義を説いた。その内容は、「ドイツの独裁がはびこることに比べたら、ソ連が生き延びることは教会にとってそれほど危険なことではない」というものであった。ローズヴェルトのこうした行動を受けて、その後、アメリカ国内のカトリックの司教たちは、ソ連の政府と国民を分けて考えるようになり、武器貸与法によるソ連への支援を容認した。

大西洋憲章

ローズヴェルトは、これまで何度もチャーチルと信書や電報のやりとりをしていたが、直接会ったことはなかった。なるべく早いうちに一度、チャーチルに会って、アメリカが置かれている状況を自分の口から説明したいと考えていた。チャーチルとの最初の会談は、ローズヴェルトの発案によって計画が練られ、秘密裏に実行に移された。

1941年8月4日にチャーチルは、スコットランドのスカパ・フローにあるイギリスの海軍基地から、プリンス・オブ・ウェールズ号に乗船して、密かに航海に出た。ドイツの潜水艦の攻撃を巧みに避けながら、船は7日間で大西洋を横断した。一方、ローズヴェルトは3日にコネチカット州のニューロンドンからプライベート・ヨットであるポトマック号に乗船して、10日間の釣り旅行に出るように見せかけた。大統領が休暇中であることを印象づけるために、船上でスウェーデンのマルタ妃とカール王子をもてなした。その後、ローズヴェルトは暗闇に乗じてオーガスタ号に乗り換えて、大西洋を北上した。ポトマック号は、大統領がクルージングを楽しんでいるかのように見せるため、ケープコッド付近を周回し続けた。

二人が合流したのは、カナダのニューファンドランド島の南部にあるプラセンティア湾だった。9日にプリンス・オブ・ウェールズ号が入港すると、間もなくローズヴェルトと陸海軍の幹部、ホプキンズを乗せたオーガスタ号が到着した。

チャーチルが、オーガスタ号に乗り移ると、アメリカ海軍の楽団がイギリス国歌を演奏して歓迎した。甲板に立っていたローズヴェルトは、息子のエリオットに支えられて、ゆっくりとチャーチルに近づいた。二人は互いに見つめ合い、しばし沈黙した。そして、ローズヴェルトは輝くような微笑みを浮かべて、「ついにお会いできましたね」と言葉をかけた。チャーチルは、「本当に」と感慨深げに応えて、手を差し出した。二人は固い握手をかわした。その後、二人は昼食をともにして打ち解け、「フランクリン」「ウィンストン」とよび合う間柄になった。

翌日は日曜日だったので、プリンス・オブ・ウェールズ号のデッキで、英米合同の礼拝が行われた。両国の従軍牧師がともに聖書を読み、祈りを捧げた。参列者は、チャーチルが選んだ「進め、キリストの兵士よ」という讃美歌を声を合わせて歌った。チャーチルは、「同じ言語、同じ聖歌、同じ理想を共有し」、ともに「偉大な時を生きている」ことを実感したと述べている。ローズヴェルトも、讃美歌の斉唱が非常に感動的であり、これによって両国の絆《きずな》がいっそう強まったと感じた。

アルジェンティア海軍基地で、９日から12日まで、チャーチルとローズヴェルトの会談は行われた。太平洋で侵攻を続けている日本に対して、どのように対処するかが重要な議題だった。ローズヴェルトは、太平洋で日本軍と戦う軍事的な準備はできておらず、日本との緊張緩和を望んでいることをチャーチルに伝えた。チャーチルは、日本に対して強硬策をとることを考えていた。しかし、アメリカ軍は一触即発の事態に備える段階には至っていないと聞いて考えを改めざるをえなかった。

14日には、のちに大西洋憲章とよばれるようになる共同宣言が出された。その内容は、次のようなものだった。（1）アメリカとイギリスは領土の拡大を求めない、（2）領土の変更は、当該国民の希望に添った形で行われなければならない、（3）すべての人は民族自決の権利を持つ、（4）貿易の障壁を取り除き、自由貿易を拡大する、（5）国際的な協力によって、経済、労働条件、社会保障を改善する、（6）すべての人を恐怖と欠乏から解放する、（7）航海の自由を守る、（8）侵略国の武装解除と軍縮を進める。これらは、戦争を早期に終結させ、世界に平和を実現するための条件を提示したものであったが、アメリカの戦争への関与についてはいっさい触れていなかった。

この中で、ローズヴェルトとチャーチルの間で温度差が見られたのが、（3）の民族自決に対する考え方であった。戦後、これが実現されれば、植民地が独立する可能性が高まるため、イギリスには不都合なものだった。チャーチルは、民族自決の原則を、普遍的に適用することには反対し、ドイツの占領国にのみ適用されるべきだと主張した。それに対しローズヴェルトは、イギリスも含めてすべての国の植民地が放棄されるべきだと考えていた。しかし、この時点では、この原則に深入りすることは避け、戦争が終結したあと、イギリスの植民地の問題を改めて考えるという立場をとった。

また、（4）の自由貿易の推進については、息子のエリオットによると、ローズヴェルトはイギリスに関して次のような辛辣《しんらつ》な発言をしていた。「イギリスとドイツの銀行家たちはこれまで長い間、世界貿易を支配して金儲けをしてきた」。アメリカの国益がイギリス側にあることは間違いないが、「人のよいチャーリー［アメリカのこと］とはいえ、いつでも大英帝国の救援に駆けつけるとは限らない」。ローズヴェルトは、貿易上の障壁を取り除き、自由貿易を推進することによって、アメリカが戦後世界で覇権を握ることを目論んでいた。

その後、大西洋憲章は、9月下旬にロンドンで開かれた会合で連合国によって承認された。こうしてローズヴェルトとチャーチルの間で合意された大西洋憲章は、連合国が一致団結して掲げる戦争の大義となった。

母の死

チャーチルとの初めての会談が成功裏に終わり、安堵《あんど》していたローズヴェルトに、人生で最も悲しい出来事が起きた。1941年9月7日に最愛の母サラが86歳で死去したのである。カンポベロ島で夏休みを過ごしていた時からサラは体調を崩しており、休暇のあと、ハイド・パークに戻ってからは、エレノアがずっと付き添い、看病を続けていた。

9月5日に、エレノアからホワイトハウスに緊急の連絡が入り、サラが重篤な状態であることが伝えられた。ローズヴェルトは執務を中断して、急遽、夜行列車でハイド・パークへ向かった。翌朝、サラのもとに着いた時には、肺の血栓のため、すでに循環器がほとんど機能していない状態だった。

ベッドに横たわる母の耳元でローズヴェルトは、懐かしい昔話やワシントンのゴシップ、チャーチルに会ったことなどを、とりとめもなく話し続け、一夜を明かした。だが、看病の甲斐なく、7日の正午前、サラは亡くなった。サラが息を引き取ってから5分も経たないうちに、敷地にあるオークの大木が、風もないのに突然、音を立てて倒れた。巨木は、夫の死後、数十年にわたり屋敷を守ってきたサラを見届け、その役目を終えて地に伏したのだと地元の人々は語った。サラの葬儀は、近くのセント・ジェームズ教会で営まれた。ローズヴェルトとともに、長く屋敷でサラに仕えてきた執事や運転手が棺《ひつぎ》を墓まで運んだ。サラの亡骸《なきがら》は教会の墓地にある夫の墓に埋葬された。

ローズヴェルトはその頃、多忙を極めていたが、サラの遺品を整理するためにしばらくハイド・パークに残った。それは、大統領に就任以来はじめて、完全に世間とのつながりを絶った数日間になった。母の部屋にあった品々を片づけていると、ひとつの箱が見つかった。それを開けてみると、サラが結婚式でつけた手袋や、ローズヴェルトが赤ちゃんの時の頭髪、最初にはいた靴、大好きだったおもちゃ、洗礼式の時の衣装、グロートン校とハーヴァード大学時代に母へ書き送った手紙の束などが大切にしまわれていた。品々には丁寧にラベルが貼《は》られており、手書きの説明がついていた。ローズヴェルトは、それらをひとつひとつ手にとり、ラベルを読んで眺めた。母と過ごした日々が、走馬灯のようによみがえり、涙が止まらなかった。自分がどれだけ深く母に愛されていたのかを改めて思い知った。最愛の母を失った悲しみは深く、癒えることはなかった。ローズヴェルトは、その後1年以上、上着の左腕に喪章をつけて執務にあたった。

エレノアは、姑の死を冷静に受け止めた。結婚以来、あまりにも長い間、姑との確執に悩み、傷ついてきたので、サラが亡くなっても涙が出ることはなかった。姑がこの世からいなくなったことは、エレノアにとって精神的な解放ですらあった。ただ、唯一無二の存在である母を失った夫の悲しみを理解することはできた。エレノアは、その後、しばらくの間、それまで見られなかったような愛情と慰めをもって夫に寄り添った。

第6章　最高司令官として

日本の南進

第二次世界大戦の勃発後、ヨーロッパの戦況が厳しくなる中で、ローズヴェルトはドイツを打倒すべくイギリスを支援することに全力を尽くしてきた。だが、アジア情勢も次第に看過できない状況へと変わりつつあり、難しい対応を迫られるようになった。アメリカは1939年7月に、日本が中国におけるアメリカの権益を妨げているとして、日米通商航海条約の破棄を通告した。それによって戦略物資の輸入が制限されると、日本は東南アジアへの侵攻を開始した。オランダ領東インドでは石油、イギリス領マラヤではゴム、フランス領インドシナでは錫《すず》といった、国内ではほとんど入手することができない天然資源を獲得するためだった。

当時、政権内では、日本の南進に対して、どのような対応をすべきか意見が割れていた。対日強硬派が厳しい制裁を求める一方で、国務長官のハルや陸軍参謀総長のマーシャルらは、石油などの輸出を止めたら、日本はさらに侵攻を続け、日米の戦争につながる可能性が高いという見方をしていた。ローズヴェルトも、アメリカ軍はアジアでの戦闘の準備ができていない上に、太平洋で戦争が勃発すれば、ヨーロッパで孤軍奮闘しているイギリスを支援できなくなる。ヨーロッパがナチスに征服されるのはアメリカにとって致命的なことだが、極東の崩壊はそこまで深刻な事態ではないと考えていた。

結局、ローズヴェルトは、1940年7月末になって、緩やかな経済制裁に乗り出した。日本の軍需生産に打撃を与えるために、資源や原材料の輸出を制限するが、対象となる品目は、高オクタン価ガソリン、高品質の鉄、鉄スクラップに限定した。

しかし、数か月後、ローズヴェルトは、このような甘い制裁では日本には効果がないことを思い知らされることになった。日本は、フランスがドイツに降伏したことを受けて、インドシナの北部に進駐したのである。それに対する制裁措置として、ローズヴェルトは鉄とスチールの日本への輸出を全面的に禁じた。だが、その直後に日独伊三国同盟が結ばれ、日本が枢軸国へ入ることが明らかにされた。ローズヴェルトは、このような事態を全く予期しておらず驚愕《きょうがく》した。そしてこの時、初めてローズヴェルトの頭の中で、ヨーロッパとアジアが結びついた。

日米交渉

だが、この段階ではまだローズヴェルトは、日本と外交ルートを通じて交渉を続けることで、戦争を回避することができると信じていた。彼の楽観的な見通しを支えたのは、旧知の間柄にあった駐米大使の野村吉三郎《のむらきちさぶろう》だった。野村は海軍軍人で、第一次世界大戦中にワシントンの日本大使館駐在武官をしており、当時、海軍次官だったローズヴェルトと親交があった。ローズヴェルトは野村を大使ではなく、敬意と親しみを込めて「大将」とよび、国務長官のハルと50回近く会談させた。

しかし、交渉による解決には、次第に暗雲が立ち込めていった。日本軍は1941年7月にインドシナ南部に侵攻し、それに激怒したローズヴェルトは、より厳しい経済制裁を科すために大統領令を出し、アメリカ国内にある日本の資産をすべて凍結した。

この大統領令の施行にあたり、ローズヴェルトと管轄官庁との間に重大な齟齬《そご》が生じた。大統領令を出した際に、ローズヴェルトは石油の輸出は制限しないつもりだった。だが、チャーチルとの会談のためにローズヴェルトがカナダに行っている間に、対日強硬派の官僚によって、日本への石油の輸出は事実上、停止された。

日本がアメリカから石油を輸入するには、国務省から許可証を発行してもらい、財務省が代金分に相当する額の日本の資産を解除して支払うことになっていた。国務省は許可証を発行したが、財務省が資産凍結の解除を拒み、他の方法での支払いも認めなかったため、日本は石油を輸入できなくなった。ローズヴェルトがこうした事態を知らされたのは、カナダから帰国した後だった。すでに、日本への石油の輸出は停止しており、今からそれを再開することは、日本への姿勢の軟化ととられかねないため、ローズヴェルトはそれを追認した。

日本は、石油をアメリカから輸入できなくなったことに大きな衝撃を受けた。一日1万2000トンの石油を消費しており、備蓄は3年ももたなかった。近衛文麿《このえふみまろ》首相は天皇と会談し、ローズヴェルトとの直接交渉の可能性を探った。駐日大使のジョセフ・グルーを介してアメリカ側と交渉したが、結局、政権内での反対が強く、近衛とローズヴェルトの会談は実現しなかった。

10月になると近衛は首相を辞任し、陸軍大臣の東条英機《とうじょうひでき》が組閣した。これを知ったローズヴェルトはチャーチルとジョージ6世に手紙を書き、日本の状況に強い懸念を表明した。東条首相は、11月25日までに合意に至らなければ開戦に踏み切る決断をし、野村大使にハルへの最後のアプローチをするように指示した。

その最終期限が近づくと、ローズヴェルトは、ハル、ノックス、マーシャルらと協議し、日本との交渉の余地はもうほとんどないと判断した。ローズヴェルトは、のちにハル・ノートとよばれるようになる10ヵ条の要求を日本側へ提出した。その内容は、中国およびインドシナからの全面撤退、中華民国国民政府以外のいかなる政権も承認しないことなどであった。日本側はこれを最後通牒と見なした。

だが、ローズヴェルトは12月6日の夜に天皇に向けて親書を出して、この期に及んでも望みをつなげようとした。


南太平洋の平和は、フランス領インドシナから日本軍が撤退することによって実現します。（中略）陛下と私は日米両国民のみならず、近隣の領土における人道のために、長年続いてきた友好関係を回復し、これ以上の死と破壊から世界を救う義務を有しているのです。

真珠湾攻撃

しかし、ローズヴェルトの呼びかけもむなしく、12月7日の朝、日本海軍はハワイの真珠湾を攻撃した。ノックスが、部屋に駆け込んで来て攻撃を伝えた時、ローズヴェルトは執務室でホプキンズと昼食をとっていた。日本軍の攻撃を予測してはいたが、オランダ領東インド、タイ、マラヤ、シンガポール、フィリピンあたりだろうと考えており、真珠湾が攻撃されることは、全く想定外だった。真珠湾の被害の報告を聞いて、日本の戦力を過小評価していたことを思い知らされた。

ローズヴェルトは、真珠湾が奇襲攻撃されたことに大きなショックを受けながらも、冷静に必要な指示を次々と出した。午後3時過ぎに、スティムソンとノックス、ホプキンズらの側近を執務室によんで、今後のことを話し合った。5時になると秘書のグレース・タリーをよび、翌日、連邦議会で読み上げる宣戦布告を口述筆記させた。そして9時前に副大統領と閣僚を招集し、「これは［南北戦争が始まった］1861年以来、最も深刻な閣議だ」と告げた。

翌日の正午にローズヴェルトはペンシルヴェニア通りから議事堂へオープンカーに乗って向かった。議事堂に到着すると、息子のジェームズの腕につかまって演壇に向かった。厳粛な雰囲気の中、緊張した面持ちで演説を始めた。

昨日、1941年12月7日――この日は、汚辱の日として記憶されることになるでしょう――アメリカ合衆国は日本帝国の海軍に突然、そして計画的に攻撃されました。（中略）日本政府は、平和を維持する望みがあるかのように振る舞い、嘘の文書と発言によって意図的にアメリカを欺いたのです。（中略）このように前もって計画された侵略に打ち勝つのにどれほどの時間がかかろうと、アメリカ国民は正義の力を持って戦い続けるでしょう。

この演説は、12回も歓声で遮られ、上院では全会一致で、下院ではひとり（ジャネット・ランキン議員が反対票を投じた）を除いた全議員の賛成を得て、宣戦布告が採択された。この日からアメリカは大西洋と太平洋のふたつの戦線で闘うことになった。

12月9日の夜、ローズヴェルトは炉辺談話で国民に向けて参戦について説明した。「太平洋で日本が突然、犯罪的な攻撃を仕掛けました。これによって10年間にわたる［日本の］国際的な蛮行は最高潮に達しました」。日独伊は結束して「全人類に戦争を仕掛けています。アメリカは、今まさにこの挑戦を受けて立たなくてはならないのです」と述べ、全国民の戦争への協力を求めた。

アルカディア会談

ローズヴェルトは真珠湾攻撃の夜、チャーチルに電話してクリスマス前に急遽、会談することを決めた。二人の二度目の会談は、コードネームでアルカディア会談とよばれた。チャーチルはスコットランドからデューク・オブ・ヨーク号に乗船し、大西洋を渡る航海に出た。途中で悪天候に見舞われ、予定より大幅に遅れてワシントンに到着した。

チャーチルは、ホワイトハウスに入るやいなや、随行者を従えて2階の部屋をすべて見て回った。滞在中、自分が最も快適に過ごすことができる部屋を物色するためだった。各部屋でベッドの寝心地を試し、収納スペースをチェックした。最後はさんざん迷ったあげく、ローズヴェルトの母がホワイトハウスを訪れた時にいつも使っていたローズ・ルームを自分の部屋に決めた。

あたかも自分の家であるかのようにくつろぎ、遠慮などいっさいしないチャーチルに、ローズヴェルトは驚いた。チャーチルは執事に、一日に自分が飲む酒について細かく指示を出した。まず、朝食の前にシェリーを一杯、その後、昼食の前にスコッチとソーダを何杯か、そして就寝前にはシャンパンと熟成したブランデーを自分の部屋に持ってこさせた。チャーチルは、朝から晩まで一日中、酒を飲んでいたが、ほとんど酔わなかった。朝は遅く、毎日11時頃まで寝ていた。午後の遅い時間に昼寝をして、深夜2時半か3時まで起きていた。一日に2回、熱い風呂に入ることを欠かさず、完全に自分のペースで一日を過ごした。

この会談の目的は、何よりも英米の結束を国内外にアピールすることにあり、メディアが最大限に活用された。まず、到着の翌日、チャーチルはローズヴェルトとともに記者会見に臨んだ。ヨーロッパの戦況について、チャーチルと記者の間で質疑が行われたが、緊迫した内容とは裏腹に、やりとりは笑いが絶えなかった。チャーチルは、アメリカが参戦してくれたことに安堵し、大いに勇気づけられたと上機嫌だった。ホワイトハウスのクリスマスツリーの点火式にも参加し、クリスマスの日には、ローズヴェルトとともに礼拝に参列した。

翌日、チャーチルは連邦議会で演説した。アメリカの連邦議会で外国人が演説するのは、1824年のラファイエット侯爵（独立戦争に参加したフランス人貴族）以来だった。この演説はラジオで放送され、多くの国民が聞いた。英米が、人的・物的な資源を総動員すれば、戦争は短期間で勝利に終わることを力説する内容だった。議場を去る時にチャーチルは、人差し指と中指で「勝利のVサイン」を作り、高く掲げた。議員たちはそれに応えて、同じように指でVを作りチャーチルに向けた。それは、イギリス人とアメリカ人が心をひとつにして、勝利へ向けて協力することを誓う印象的なシーンとなった。

この会談では、「ヒトラー・ファースト」、すなわちヨーロッパ戦線を第一に考えることが確認され、英米をつなぐシステム作りが急がれた。まず、連合参謀本部を設立して、すべての戦線での戦略の調整と分担を決めることになった。また、連合軍需品割当局を設け、資材の供給において協力体制を敷くことになった。

会談のもうひとつの成果は、1942年1月1日に連合国共同宣言が出され、それに英米ソ中の4か国が署名したことであった。草案の段階でローズヴェルトが、連合国（United Nations）という表現を選び、正式な名称として採用された。翌日にはさらに22か国が署名し、あらゆる人的・物的資源を総動員して枢軸国と戦うことを表明した。

小さな相違はひとまず措《お》いておき、大きな一致点を見出して作戦を進めていくという点においてチャーチルとローズヴェルトは似ており、気が合った。ローズヴェルトは、チャーチルが官邸に最高機密軍事本営を構えていると聞いて、自分も最高司令官になったので、同じような部屋が欲しいと思った。チャーチルの帰国後、ホワイトハウスにマップルームを作り、そこで毎日、戦況の報告を聞くようになった。ローズヴェルトは、個々の軍事作戦に直接、干渉することはなかったが、長期的な戦略については自ら判断を下し、勝利に向けて何をすべきか指示した。

日本への反撃

その後、日本軍の南方作戦は、予想をはるかに上回るスピードで進み、アメリカの太平洋艦隊は著しい被害を受けた。日本軍は、マレー沖海戦でイギリス軍を撃退した後、香港、グアム、ウェーク諸島、ニューブリテン島、ギルバート諸島、ソロモン諸島を陥落させた。さらに、ビルマへ侵攻し、シンガポールを攻略した。

ローズヴェルトは、こうした苦境を打開するための秘策を練った。陸軍と協議を続けた結果、高いリスクを伴うが、爆撃機を空母ホーネットから発進させ、日本の都市を空爆することを決めた。任務の遂行は、ジェームズ・ドーリットル中佐が率いる飛行隊に任され、4月18日に決行された。日本の本土から1000キロ以上離れた海上から16機の爆撃機が飛び立ち、白昼、東京、横須賀、名古屋、神戸を爆撃した。その後、爆撃機は、中国とウラジオストクへ飛び去り、パイロットはパラシュートで着陸した。

日本側は、87人の死者、400人以上の負傷者、100戸を超える家屋が全焼ないしは全壊という被害を受けた。物理的な被害よりも、多大な心理的な打撃を日本人に与えることが爆撃の目的であり、その点において、この作戦は大成功だった。ローズヴェルトは、パイロットがどこから飛び立ったのかという記者の質問に対して、「シャングリラ（桃源郷）の秘密基地から爆撃機は飛び立ったのだよ」と上機嫌で答え、この作戦を自賛した。

それから間もなくして、太平洋上でのアメリカ軍の反撃も始まった。5月上旬には珊瑚海《さんごかい》海戦が決行され、その1か月後には、ミッドウェー海戦が始まった。激戦の末、日本軍は空母4隻と全搭載機を失い、3000人を超える死者を出した。アメリカ軍も300余名の兵士と空母1隻を失ったが、この戦いが転換点となり、太平洋戦線の主導権がアメリカへ移った。

ミッシーの病気

前年に死去した母に続いて、この時期にもうひとりのかけがえのない女性がローズヴェルトのもとを去った。ニューヨーク州知事時代から、公私にわたりローズヴェルトを支えてきたミッシーだった。

ミッシーは、ローズヴェルトの大統領就任に伴い、正式に秘書官として連邦政府に採用された最初の女性になった。毎日の執務に加えて、来客の接待やローズヴェルトのポーカーの相手や切手のコレクションの整理の手伝いをした。ローズヴェルトが「お子さまの時間」とよんでいた毎晩のカクテルアワーには、ホステスとして参加した。ミッシーは、エレノアよりも多くの時間をローズヴェルトとともに過ごし、特に1936年にハウが死去してからは、最も大統領に近い存在になっていた。ミッシーはローズヴェルトの有能な秘書であると同時に愛人だったとされており、ローズヴェルトの子どもたちも二人の関係を認めていた。エレノアとミッシーは仲がよく、エレノアは自分が好きなことができるのは、いつもミッシーが夫の面倒を見てくれているおかげだと言い、夫との関係を黙認していた。

1941年6月、ホワイトハウスで開かれたディナーパーティーの最中にミッシーは突然、倒れた。脳卒中と診断されたが、その後、病状は急速に悪化した。2週間後には身体が完全に麻痺し、簡単な会話が辛うじてできる程度になってしまった。ミッシーが倒れたことに対して、さまざまな憶測が飛んだ。ドイツの侵攻後、ワシントンへ避難していたノルウェーの皇太子妃がローズヴェルトのお気に入りになり、車の助手席を独占するようになったことでミッシーが嫉妬《しっと》し、そのストレスから病に倒れたのではないかと噂《うわさ》する人もいた。

マルガリーテ・“ミッシー”・リーハンド

ミッシーが寝たきりになると、ローズヴェルトは、医療費をすべて自分で負担して、療養生活を支えた。さらに遺言書を書き直して、自分の死後、所有している土地から得られる所得の半分をエレノアに、残りの半分をミッシーに相続させると記した。ミッシーは、ホワイトハウスでしばらく療養した後、姉のいるマサチューセッツ州ソマーズヴィルへ移された。その後、二人が再び会うことは叶わなかったが、ローズヴェルトは手紙やプレゼントを贈ったり、電話をかけてミッシーを励まし続けた。

ソ連と第二戦線の形成

ヨーロッパではドイツ軍の攻撃が1942年の春から激しさを増し、ソ連軍が東部戦線で大きな犠牲を払っていた。ドイツ軍はコーカサス、クリミアへ侵攻し、5月末までに70万人のソ連兵を殺戮《さつりく》ないしは拘束した。ソ連は、こうした危機的な事態を打開するために、5月末に外相のヴャチェスラフ・モロトフをアメリカへ送り、ローズヴェルトに支援を要請した。

モロトフがローズヴェルトに求めたのは、第二戦線の形成だった。アメリカ軍がイギリス軍とともに北フランスに上陸して、ドイツ軍の兵力を分散させれば1942年のうちに戦争を終わらせることができると主張し、ローズヴェルトの説得を試みた。窮状を切々と訴えるモロトフに押されて、ローズヴェルトは年内に第二戦線を形成することを約束した。

だが、チャーチルは、第二戦線の形成に強く反対していた。イギリス海峡を挟んだ攻撃に踏み切るのは、時期尚早だと考えていた。チャーチルは急遽、訪米し、ローズヴェルトに直接会って、第二戦線の形成を思いとどまるように訴えた。チャーチルは、北アフリカへの攻撃を進めることで、ドイツ軍の勢力を分散させる方が戦略上、有効であると主張した。

最終的にローズヴェルトとチャーチルは、北フランス上陸作戦を決行するには、まだアメリカ軍は準備不足であり、イギリス軍の戦力も各地に拡散しており、結集に時間がかかるという理由で、第二戦線の形成を延期することにした。この決定については、チャーチルがスターリンの説得にあたることになった。

11月に入ると、イギリス軍がエジプトのエル・アラメインの戦いで勝利を収め、北アフリカでの進撃を勢いづけた。そして8日に、連合軍はフランス領のモロッコとアルジェリアへの上陸作戦を開始した。海岸沿いの1300キロメートルに10万7000人の兵力を展開し、ドワイト・アイゼンハワーの指揮の下、カサブランカを包囲攻撃し、短期間のうちに陥落させた。イギリス戦艦の攻撃によってオランが陥落し、アルジェでは自由フランスのクーデターが起こった。その後、モロッコとアルジェリアの全域が連合軍の支配下に置かれるようになり、ヴィシー政府に代わって、自由フランスがこの地域で勢力を確保した。

日系アメリカ人の強制収容

真珠湾攻撃から2か月あまりたった1942年2月19日にローズヴェルトは大統領令を出して、日系人の強制収容を始めた。日米開戦により「敵性外国人」となった日系人によるスパイ活動や破壊行為から国防上の拠点を守るために、軍事地域として指定された場所に住んでいる日系人を陸軍省の指揮の下、退去させるというのが、その理由だった。

しかし、日系人の強制収容は、後年、戦時下における最も深刻な人権侵害として非難されることになる施策であった。ローズヴェルトは当初から、日系人を収容所へ隔離することに積極的ではなく、特定の人種・エスニック集団を収容所へ送るのは、人道的にも、また法的にも問題があると考えていた。エレノアも、日系人の収容に強く反対し、夫に大統領令の発令を思いとどまるよう、何度も説得を試みた。新聞で連載していた自分のコラムで、エレノアは次のように述べている。

日系人を集団としてではなく、個人として扱わなければなりません。（中略）人の外見や名前、肌の色、あるいは話している言語から、忠実な市民であるか否かを判断することはできません。

だが、この頃はまだ真珠湾攻撃の衝撃が冷めやらず、太平洋戦線で快進撃を続ける日本軍がアメリカ西海岸へ侵攻するのは、時間の問題だと思われていた。軍事的にも物資的にもはるかに劣っているはずの日本軍が、なぜここまで成功しているのか。日本人の移民とその子孫が、日本政府や軍部に対して、情報や資金を提供しているからに違いないと多くの国民が信じていた。
カリフォルニア州の司法長官であるアール・ウォレンは、そうしたヒステリックな反日感情に乗じて、陸軍省西部防衛司令官のジョン・デウィットとともに、日系人を強制収容することの「軍事的必要性」を説いた。

日系人の強制収容所を訪問するエレノア（1943年）

それに対し、司法省は、西海岸に住む約11万人の日系人のうち3分の2はアメリカ国籍を持つ二世であり、強制収容は、合衆国憲法に抵触する可能性が高いとして反対した。しかし、陸軍省はあくまでも、日系人を差別や迫害から守るための「転住」であると主張して、アメリカ西部の内陸部を中心に建設された10か所の収容施設への移送を断行した。

日系人の強制収容に反対していたエレノアは、1943年4月にアリゾナ州のヒラリバー収容所を訪れ、そこで暮らしている日系人と交流した。この訪問は厳しい批判にさらされたが、エレノアは意に介さなかった。いろいろな工夫をこらしながら、収容所で明るく懸命に生きる日系人の姿に感銘を受け、何か自分にできることがないか思いをめぐらせた。その後、エレノアは、日系人の若者が収容所を出て、大学へ進学するための支援活動を行うようになった。

カサブランカ会談

1943年1月14日から、ローズヴェルトとチャーチルは3度目の会談を行った。会談の場所は、モロッコのカサブランカだった。ローズヴェルトは空路カサブランカへ向かい、アメリカ史上初めて航空機で海外へ行った大統領になった。だが、本当は船でゆっくりと波の動きを見ながら旅をするのが好きだったので、機上では「雲は退屈だ」とずっと不満顔だった。

会談は、アンファ・ホテルで行われた。ヤシの木に囲まれた乳白色の美しい建物には、厳重な警備がなされていた。本来であれば、スターリンもこの会談に出席して、ローズヴェルトとチャーチルとともに、今後の戦争の進め方を話し合うはずだった。しかし、戦況がいまだ予断を許さない状況にあったため、出席を断念した。

ソ連は、スターリングラードの戦いで非常に大きな犠牲を強いられていた。ソ連側の死者・行方不明者は50万人近くにのぼっていた。激しい市街戦が続き、スターリングラードの90%以上が枢軸国に占領された。しかしそこから、ソ連軍の反撃が始まり、包囲攻撃によっ

カサブランカ会談でのローズヴェルトとチャーチル
（1943年）

て、枢軸国をスターリングラードから撤退させた。

その知らせを受けたローズヴェルトは歓喜して、スターリンに電報を送った。「ナチスとその同調者に対して、ソ連が団結して立ち向かったことは、この戦争の最も誇らしい出来事のひとつだ」と称えた。この賛辞をスターリンは素直に受け止めたが、すでに我慢の限界に達していた。アメリカから大量に送られてくる軍需品と物資だけでは、もはや戦いを続けることは不可能だった。アメリカとイギリスが、さらなる犠牲を払うことをスターリンは強く要求した。

　こうした中で、ローズヴェルトとチャーチルは、今後の作戦について議論した。ローズヴェルトは、スターリンに同情していたが、第二戦線の形成にはまだ消極的だった。イギリス海峡を横断して北フランスに上陸するには、護衛艦と上陸用の舟艇《しゅうてい》が明らかに不足しており、輸送上の問題からも無理があると考えていた。最終的にチャーチルと合意したのは、連合軍をシチリア島へ侵攻させ、そこからイタリア本土へ上陸することであった。

　この会談で、ローズヴェルトとチャーチルは、戦争をどのように終結させるのか、大まかな方針についても話し合った。そして、暫定的ではあったが、ドイツ、イタリア、日本が無条件降伏するまで戦争を続けることを二人の間で確認した。ローズヴェルトによると、無条件降伏とは、「ドイツやイタリア、日本の国民を破滅させることではなく、これらの国々が他国を征服し他国の人々を服従させようとする哲学を破壊すること」だった。

　ローズヴェルトは、枢軸国に対して無条件降伏を要求することで、連合軍の士気を高めることができると考えていた。またこれは、スターリンに、ソ連が単独でドイツと和平を結ぶことはありえないと伝える意味もあった。だが、この方針に対して、政権内部からは批判が続出した。なかでも、国務長官のハルは、それが柔軟性を欠いた方針であるとして強く反対した。ハルは、「ドイツなど枢軸国は冷静な判断力をなくして絶望的な戦いを繰り広げ、結果として破壊されつくした敵国は自力で復興できなくなり、最終的にアメリカがその責任を負わなくてはならなくなる」ことを恐れていた。

北アフリカでの戦い

　その頃、北アフリカの戦況は、連合軍にとって依然として厳しい状態にあった。戦闘のゆくえに影響を及ぼしていたのは、フランスをめぐる同地での複雑な状況だった。1940年6月にフランスがドイツに降伏して以来、カサブランカ会談の少し前まで、アメリカはヴィシー政権との外交関係を維持していた。それに対しイギリスは、ロンドンを拠点にした自由フランスを支持しており、ヴィシー政権に抵抗するシャルル・ド・ゴールを指導者と見なしていた。フランスのどの勢力と手を結ぶのか、英米で意見の相違があり、それを解決しなければ、北アフリカでの戦いを遂行することはできなかった。

ローズヴェルトは、カサブランカで初めてド・ゴールに会った。彼は、「大統領、私は単なる軍事上の指導者ではありません。誇り高きフランスを復活させる使命を帯びたジャンヌ・ダルクの再来だと思ってください」と自分をアピールした。

だが、ローズヴェルトはド・ゴールを嫌っていた。彼が、フランスの植民地の回復を目指しているという理由からだった。その夜、息子のエリオットに対し次のように語った。

ド・ゴールは、「日本とドイツが敗北すれば」フランスの植民地はすべてフランスに返還されるべきだと言っている。ばかげた話だ。日本軍が東南アジアのフランス領インドシナをうまく占領できたのは、フランスの厳しい支配よりは、そちらの方がまだましだと住民たちが考えたからに他ならない。太平洋で日本軍と戦っているアメリカの海軍や海兵隊は、フランスやイギリス、オランダの植民地を奪還するために命を落としているわけじゃないんだ。

結局、この問題に決着をつけるために、ローズヴェルトは、すでに北アフリカの軍民最高司令官としてアメリカが承認していたアンリ・ジローをカサブランカへよび、ド・ゴールとの和解を演出した。ローズヴェルトは、それまで対立していたド・ゴールとジローが同盟関係を結び、権力を分かち合うことを望んでいた。二人は、ローズヴェルトとチャーチルの前で、しぶしぶ握手をさせられ、写真におさまった。しかし、ジローはド・ゴールとの協力には全く興味を示さず、二人の和解はこの場限りのものになった。

ローズヴェルトは、カサブランカ会談が終わりに近づいた1月21日に、砂漠で野営している2万人の連合軍の兵士を慰問した。現職のアメリカ大統領が前線の兵士を慰問するのは、南北戦争中のエイブラハム・リンカーン以来だった。兵士たちはその日、政府の高官が視察に来ることは聞かされていたが、警備上の理由から誰が来るのかは知らされていなかった。ローズヴェルトが野営地に入って来ると、兵士たちは驚きの声をあげた。「嘘だろ！　おやじさんがいるぜ！　本物だよ！」と叫ぶ者もいた。ローズヴェルトは、にこやかに手を振って大歓声に応えた。その後、ハムやスイートポテトが並ぶテーブルにつき、兵士たちと昼食をともにした。このサプライズは新聞各紙で取り上げられ、戦場を視察するローズヴェルトの雄姿が国内外で報道された。

カサブランカ会談が終わると、チャーチルはマラケシュへの2日間の旅行にローズヴェルトを誘った。マラケシュは、モロッコの中央部に位置し、アトラス山脈の麓《ふもと》に広がる丘陵地帯である。二人は雪で覆われた山々を眺めながら、戦時であることをしばし忘れ、ゆったりとした時間を過ごした。そこで、二人は「本当の親友」になった。

旅が終わって山を下り、チャーチルはローズヴェルトを空港まで見送りに行った。そして、身体が不自由なローズヴェルトが飛行機に搭乗するのを介助した。ローズヴェルトが機上の人になるのを見届けると、チャーチルは自分の運転手にすぐに車を出発させるように命じた。「彼が飛び立つのを見たくないのだ。その光景は、私を不安にさせる。もし、あの男に何かあったら、私は耐えられないだろう。彼は最も信頼できる友人だ。将来を見通したビジョンを持っている。このような偉大な男に会ったのは初めてだ」と語った。

第三回ワシントン会談

その後、ローズヴェルトとチャーチルは、5月上旬にワシントンで再び会談した。会談が始まった翌日に、二人のもとに朗報が届いた。チュニジアでドイツ軍が降伏し、北アフリカでの戦いが連合国の勝利に終わったという知らせだった。それを聞いた二人は手をとり合って喜び、次の戦略を決める協議に上機嫌で取りかかった。

だが、明るい雰囲気とは裏腹に、イギリスとアメリカの戦略は当初から対立した。チャーチルは、次の一手として、イタリアを攻撃して敗北に追い込み、そこからヨーロッパの中心部へ進んでいくことを主張した。それに対し、ローズヴェルトは、イギリス海峡を挟んだ戦いで、ヒトラーと直接対決することを望んだ。そのために、できるだけ早い時期に、北フランスへ上陸すべきだと主張した。二人は、この問題について2週間にわたり激論を戦わせた。その結果、まず、シチリアへの上陸作戦を1943年7月に決行し、その後、翌年5月に北フランスに上陸することで合意した。

週末は会談が行われなかったので、ローズヴェルトは、メリーランド州のカトクティン山地にある自分の別荘にチャーチルを招いた。連日繰り広げられる緊迫した議論を離れて、つかの間の休息を二人でのんびりと楽しんだ。幼い頃から続けてきた自分の切手のコレクションを見せたり、一緒に釣りに出かけたりした。戦況が一段落して、気の休まる時間を共有したことで、二人の親交はさらに深まった。この頃のローズヴェルトについて、チャーチルは次のような感想をもらしている。「私は彼のまっすぐで豊かな発想力に富んだ人柄とものの見方をこの上なく信頼している」。そして、「うまく表現できないほどの好意――親愛の情とも言うべきだろうか――を彼に感じている」。一方、ローズヴェルトは、チャーチルにあてた電報で、「あなたと一緒に同じ時代を生きることができて本当に光栄だ」と書き送っている。

会談が終わるまでチャーチルはホワイトハウスに滞在し、5月27日に帰国の途についた。ホワイトハウスのスタッフは、チャーチルがいなくなって心底ほっとした。チャーチルは、偉大なイギリスの首相であり、尊敬に値する人物だが、非常に骨の折れる客だった。毎日、朝から晩まで酒を飲み、煙突のようにタバコをふかしたので、執事たちは、常に酒やタバコの準備や後片付けに追われた。また、夜中に執務をして、昼間は寝ていたので、彼の「不規則な習慣が時計の上下を逆さにした」。2週間近くチャーチルの身の回りの世話をさせられたスタッフはみな、長時間の勤務を強いられ疲れ果てていた。

ローズヴェルトも、チャーチルに振り回された。「毎日、ほとんど死にそうだったよ。チャーチルと一晩中、話し合った日もあった。彼は、真夜中にいいアイディアが浮かぶと、お構いなしにバタバタと私の寝室までやって来るんだよ。名案が浮かんだんだろうけど、私はそのたびに起こされるんだよ」と憎めない親友に苦笑した。

戦争協力——女性、黒人、メキシコ人の労働

ローズヴェルトは1942年1月に大統領令を出し、戦時生産局を設立した。生産の優先順位をつけ、原材料の割り当てを行うことで、軍需産業の生産の拡大を図るためだった。また、翌年には戦時動員局を設立し、戦争協力に関わる政府機関を統括した。

戦況の好転は、アメリカの生産力の拡充によって支えられていた。アメリカのGNPは、1939年の886億ドルから1944年には1350億ドルへと増加し、GNPに占める軍需関連の生産は、1943年には40%にまで上昇し、ピークを迎えた。同年の軍需品の生産高は、前年を80%以上上回り、なかでも航空機や軍艦の生産の伸びは著しかった。1939年の生産を100とすると、1944年に航空機は2805、造船は1815、武器は3803へと飛躍的に伸びた。こうした生産力の拡充は、戦略上、アメリカが主導権を握ることを可能にした。

軍需生産が拡大していく中で、新たな労働力として期待されたのは、黒人をはじめとするマイノリティーや女性だった。働く女性の数は、1942年1月の1176万人から1944年7月には1644万人へと増え、総労働力に占める女性の割合は、26%から36%へと上昇した。特筆すべきは、約300万人の既婚女性が新たに就労したことであり、1944年にはアメリカ史上初めて未婚女性の就労者数を上回った。ローズヴェルトは、女性を軍需工

場へ政策的に動員することはなかったが、高い賃金と愛国的な行為として就労を呼びかけるプロパガンダによって、多くの女性が軍需工場に職を求めた。

ローズヴェルトは、参戦前の1941年6月に大統領令を出して、軍需産業と連邦政府で雇用されている労働者を「人種、信条、肌の色、出身国」によって差別することを禁止していた。そしてこの大統領令を施行するために、公正雇用実施委員会（FEPC）を設立した。こうした大統領令の発令に踏み切った背景には、黒人指導者のA・フィリップ・ランドルフが組織していた寝台車ポーター組合が、軍隊の人種別編成などに抗議するために、ワシントンで大規模な行進を計画していたことがあった。ローズヴェルトは、人種隔離制度があるワシントンで行進が行われると、大きな暴動に発展する可能性があると考え、ランドルフらを思いとどまらせようとした。当初、ローズヴェルトは、大統領令を出すことを拒んだが、行進の中止と引き換えに、やむなく発令に同意した。

こうした施策の下で、多くの黒人が南部の農村を離れ、北部の大都市へ移住した。終戦までに、軍需工場で働く労働者のうち、黒人が占める割合は8％へと上昇し、政府の仕事に就いた黒人の数は20万人に達した。これは、戦前の3倍を超える数だった。その多くは、低賃金で熟練を必要としない単純作業や肉体労働に従事させられたが、戦前に比べると黒人の所得は大幅に増えた。黒人たちは、「ふたつの勝利」——国外ではファシズムに勝ち、国内では人種差別を克服する——をスローガンとして掲げ、戦争遂行のために自分たちも立派なアメリカ人として役目を果たしていると自信を深めた。

若い男性が戦地へ送られ、国内に残った人々も、賃金の高い軍需工場などに転職するようになると、農村は深刻な人手不足に直面した。こうした状況の下で、戦時の特別な措置として、メキシコ人を契約労働者としてアメリカで農業に従事させることが検討された。その結果、1942年8月に、両国の政府が「国際的労働力移動に関する協定」を結ぶことになり、いわゆるブラセロ（季節農業労働者）・プログラムが発足した。このプログラムによって、1943年から47年の間に、アメリカ各地の農場に34万7000人のメキシコ人契約労働者が働きに来た。

ローズヴェルトは、メキシコ人の農業労働者を手放しで歓迎した。彼らは、「強い熱意をもって」国境を越えており、「連合国の戦争協力に不可欠な農産物の収穫に携わることで、民主主義的な大義に応えたいという意志を示し」ている。アメリカで農業に従事することは、「同盟国であるメキシコの人々が我々の戦時生産において担っている重要な役割であり、我々の軍事プログラムの成功はそれにかかっている」と、ブラセロ・プログラムの意義を強調した。

戦時中のエレノア

真珠湾攻撃の翌日、エレノアはラジオで演説し、国民に戦争への全面的な協力を呼びかけた。特に若者と女性に向けて、この先、いかなる困難に見舞われようとも、常に落ち着いて自分の役目を果たすよう訴えた。

だが、戦時生活への移行は、エレノアにとって苦痛に満ちたものだった。それまでエレノアは、全米各地を回ってニューディール政策の実施状況を視察し、国民の声を夫に届けることを自分の役目としてきた。ファーストレディーとしての義務感からではなく、夫の目となり耳となることを心から楽しんできた。しかし、ヨーロッパで戦争が始まると、そうした機会がめっきり減り、気分が落ち込む日々が続いた。

新しい環境で何か自分が打ち込める活動を見つけたいと思っていた矢先に、1941年5月に大統領令によって設立された民間防衛局（OCD）の運営に携わらないかという話が舞い込んだ。OCDは、アメリカ本土が敵に攻撃された場合の避難や、火災や停電への対策に関する立案や啓蒙《けいもう》活動を行う政府機関だった。エレノアは、OCDの副局長に任命されて各地を回った。エレノアが最も関心を寄せたのは、地域で女性を中心としたボランティアを動員することによって戦時下の生活をうまく機能させることであった。

アメリカが参戦すると、エレノアは海外に駐留するアメリカ軍の視察と慰問にも出かけるようになった。1942年10月にはイギリスを訪れ、軍の基地や病院、工場、物資の配送センターなどを朝から晩まで精力的に視察した。翌年には、オーストラリアとニュージーランド、ガダルカナル島をはじめとする南太平洋諸島を訪問した。激しい戦闘が続いている地域であり、訪問には多くの危険が伴ったが、エレノアは、どうしても行きたいと夫を説得した。ただでさえ物資が不足しているのに、ファーストレディーの移動のために余計な燃料を使わされ、警護のために特別に人員を配置しなければならなくなることに軍の幹部は当惑した。

訪問は極秘にされ、エレノアは「ローバー」というコードネームでよばれた。カモフラージュのため、赤十字の制服を着て職員を装うという方法がとられた。出発前にそのことを聞かされると、エレノアは、毎日同じ格好でよいのなら旅行の荷物を減らせるわと喜び、ふたつ返事で同意した。この訪問では40万人の兵士を慰問し、各地で熱烈な歓迎を受けた。この時に戦地の悲惨な状況を直接自分の目で見たことが、戦後、エレノアが平和運動に尽力するきっかけになったと言われている。

第一回ケベック会談——原爆の開発

シチリア上陸作戦が行われている間、ローズヴェルトはカナダのケベックへ赴き、再びチャーチルと会談した。これは第一回ケベック会談とよばれており、1943年8月17日から

1週間にわたり開催された。スターリンも招かれたが、軍事上の理由から参加しなかった。シチリア島への上陸作戦は、イタリア本土への上陸の前段階であり、東部戦線からドイツ軍を引き寄せ、ソ連の軍事的な負担を軽減することが期待された。連合軍は、15万人の兵力でシチリア島南岸に上陸したが、会談では、さらなる兵力の増強と、イタリアが無条件降伏するまで戦い続けることを確認した。

この会談の最重要テーマは、翌年の5月に計画されている北フランスへの上陸作戦だった。上陸する場所、使用する船舶、燃料の補給方法、装備など作戦の詳細が、二人の間で話し合われた。さらに、太平洋戦線については、日本軍への攻勢を強め、通信網を遮断することに加えて、日本の本土攻撃に向けた軍事拠点を太平洋上に確保することが決められた。

ケベック会談でローズヴェルトとチャーチルは、原爆の開発についても話し合い、ケベック合意とよばれる取り決めがなされた。その内容は、イギリスとアメリカは互いに対して原爆を使用しないこと、両国は互いの了承なしに他国に原爆を使用しないこと、原爆開発計画について他国と話し合わないことなどであった。

ローズヴェルトは、1933年10月にアルベルト・アインシュタインと初めて面会した際に、ドイツが原爆の開発を進めていることを直接聞かされていた。その後、1939年8月に物理学者のレオ・シラードが、ウランの核連鎖反応によって強力な破壊力を持つ爆弾を作ることが可能であり、ドイツに先んじてアメリカがそれを開発しなければならないという内容の書簡を、ローズヴェルトに送った。そこにはアインシュタインの署名もあった。それを受けてローズヴェルトは、まずウラン諮問委員会を設置し、研究を開始させた。１９４２年に入ると、陸軍に原爆の製造を委《ゆだ》ねることを決め、レズリー・R・グローヴズ准将をトップに、物理学者のロバート・オッペンハイマーが集めた研究者によってマンハッタン計画が進められることになった。開発のため、１９４５年までに20億ドルの予算が充てられ、12万人以上が雇用された。

戦況が好転し、勝利が見えてきたこの頃、ローズヴェルトは自分の死期を悟っているかのような発言を何度かしていた。ローゼンマンには、自分の死後、小さな記念碑を建てるならばと切り出し、建立にふさわしい場所として具体的な案を出した。また、秘書のタリーには、自分が死んだら、愛犬のファラをいとこのマーガレットに託すように指示した。こうした話をされた人々は、特に気にも留めず聞き流した。しかし、ローズヴェルトはその頃、すでに体調が思わしくなく、自分の命がそう長くはないと直感していた。

カイロ会談

ローズヴェルトは、エジプトのカイロで行われる会談に出席するために、１９４３年の11

月に入ると再び大西洋を横断した。11日に密かにヨットでヴァージニアから出航し、途中でアイオワ号に乗り換えて航海に出た。9日間の船旅の後、アルジェリアのオランに到着した。近くの米軍基地に駐留していた二人の息子、エリオットとフランクリン・ジュニアが迎えに出ていた。久しぶりに会った息子たちの笑顔を見ると、長旅の疲れも吹き飛んだ。エリオットは、「父は元気そうで、これから先のことにわくわくしていた」と述べている。

その後、チュニスまで陸路で移動し、そこから空路でカイロへ向かった。会談は、アメリカの駐エジプト大使の邸宅で、11月22日から26日まで行われた。チャーチルと蔣介石が出席し、今後の対日戦と日本の戦後処理について話し合った。

25日は、アメリカの感謝祭だった。ローズヴェルトがディナーを主催して、ゲストに伝統的な料理を振る舞った。2羽の大きな七面鳥がローストされ、ローズヴェルトが自らナイフを入れ、銘々のお皿に取り分けた。食後は、みんなでダンスをした。チャーチルは、その時のことを、ローズヴェルトが「あんなに楽しんでいるのを見たことがなかった」と回顧している。

会談の終了後、カイロ宣言が出された。その内容は、日本が無条件降伏するまで戦い続けることを公にし、日本が１９１４年以降獲得した太平洋の島々を放棄し、中国から「盗んだ」領土（満州、台湾、澎湖《ほうこ》諸島）を返還し、朝鮮を独立させることを求めるものであった。

テヘラン会談――スターリンとの出会い

カイロ会談が終わった翌日、休む間もなくローズヴェルトは、イランの首都テヘランへ向かった。11月28日から行われるテヘラン会談で、初めてスターリンに会うことになっていた。6時間半ものフライトで疲労困憊《こんぱい》していたが、ローズヴェルトは、この日を待ち焦がれていた。

ソ連大使館の敷地内に設けられた宿舎にローズヴェルトが到着すると、スターリンがあいさつにやってきた。二人はしばし見つめ合い、固い握手をかわした。ローズヴェルトは、「ずいぶん長い間、この瞬間を待っていたような気がします。お会いできてたいへんうれしく思います」と述べた。

この会談では、スターリンと良好な関係を打ち立てることがまず優先された。すでにソ連でスターリンに会っていたホプキンズは、事前にローズヴェルトに次のようなことを伝えていた。スターリンは、ビジネスに徹する人であり、「同じことは二度言わない。余計な言葉やジェスチャー、マンネリズムはない」。親友になることができたチャーチルとは異なり、スターリンにはあくまでも交渉の相手として臨み、実利を求めるようにホプキンズは助言した。

テヘラン会談でのスターリン、ローズヴェルト、チャーチル（1943年）

最初の晩のディナーは、ローズヴェルトがホストになった。「お子さまの時間」とよんでいたカクテルアワーになるとローズヴェルトがみなにマティーニを振る舞った。ベルガモットが多い、甘いカクテルだった。ローズヴェルトはスターリンに、「マティーニのお味はいかがですか」と尋ねた。するとスターリンは、「とてもおいしいです。でもお腹が冷たくなりますね」と微笑みながら答えた。スターリンは、ウォッカと故郷のグルジアワインを好んで飲んでいたが、ローズヴェルトに対して、あくまでも社交的に接した。ローズヴェルトは独特の観察眼でスターリンを見ていた。「スターリンはロシアの遅れた地域の貧農の出にすぎないと人々は言うけれども、誰にもないエレガントなマナーを持っている」というのが彼の第一印象だった。

テヘラン会談は初の「3巨頭会談」として、11月28日の午後4時からソ連大使館で始まった。ここで、連合軍が1944年5月に北フランスへ上陸することが合意され、ソ連が長い間要求してきた第二戦線の形成がやっと実現することになった。さらにスターリンは、ドイツの敗北後、対日宣戦を布告することを約束した。

戦後のドイツと東欧諸国の問題についても話し合われた。スターリンは、ポーランドとソ連の国境線を、1920年にイギリスの外相ジョージ・カーゾンが定めたラインに合わせること、その代わりにポーランドとドイツとの国境をオーデル川・ナイセ川までとすることを提案した。ローズヴェルトは、この頃すでに1944年の大統領選挙に出馬せざるをえないと考えており、この問題が、ポーランド系アメリカ人の票を左右すると見ていた。かつて1940年に「背後の一突き」演説でイタリア系の票を失っていたので、同じことを繰り返したくはなかった。

さらに、ローズヴェルトは戦後、国民投票を経て、リトアニア、ラトヴィア、エストニアをソ連へ編入することを求めた。それに対し、スターリンはソ連の憲法に従って解決されるべき問題であると応じた。一方、ドイツの分割については、今後、慎重に検討していくことで合意した。また、ローズヴェルトはスターリンに対し、戦後の国際機構に関する構想を伝え、そこでは、「4人の警察官」（英米ソ中）が中心になると説明した。

テヘラン会談の3日目に、チャーチルは69歳の誕生日を迎えた。イギリス大使館で盛大な誕生パーティーが催され、会談の出席者が参加した。チャーチルは、テヘランで迎えたこの誕生日を回顧して、次のように述べている。「右側にアメリカ大統領、左側にソ連の指導者が座った。人類の歴史上最もひどい戦争のひとつを戦い、2000万人近くの兵士を指揮している男たちが、私とテーブルをともにして、誕生日を祝ってくれたのだ。これこそまさに、私の人生において記念すべき日だ」。

乾杯のスピーチをしたのはスターリンだった。アメリカの工業生産力を称え、武器貸与がなければ我々は戦争に負けていたと述べた。宴《うたげ》は一晩中続いた。ローズヴェルトとチャーチルは、「ジョーおじさん」もみんなと一緒に楽しんでいるのを見て安心した。「ジョーおじさん」というのは、イギリスとアメリカが使っていたスターリンのコードネームだった。スターリンはこの時、自分が「ジョーおじさん」とよばれていることを聞かされて、高らかに笑った。だが、ソ連は、ローズヴェルトとチャーチルの部屋に盗聴器を仕掛けており、会話をすべて傍受していたので、スターリンは自分が「ジョーおじさん」というコードネームでよばれていることを前から知っていたはずだった。

テヘランから帰国したローズヴェルトは、クリスマスイブの炉辺談話で、国民に会談の成果を伝えた。この頃には、1000万人のアメリカ人が従軍しており、そのうちの380万人以上が海外に駐留していたことから、談話は世界各地に向けて放送された。ローズヴェルトは希望にあふれていた。「イギリス、ソ連、中国、アメリカ、それとこれらの国々の同盟国で地球の総人口の4分の3以上になります。（中略）強大な軍事力を誇る4か国が平和を守るために結束すれば、侵略国が新たな世界戦争を始める可能性はなくなるでしょう」と語りかけ、勝利はすぐそこまで来ていると国民を勇気づけた。

1943年のクリスマス

1943年のクリスマスは、ローズヴェルトにとって特別な日だった。大統領に就任して以来、初めて家族全員がハイド・パークの自宅にそろい、にぎやかに祝った。娘のアンナも、はるばるシアトルから子どもたちを連れてやって来た。フランクリン・ジュニアとジョンも、軍から休暇をとって、両親のもとを訪れた。

その頃、ローズヴェルトは孤独だった。長年の友人であり、大統領補佐官を務めてきたマーヴィン・マッキンタイアが、テヘラン会談の最中に亡くなり、ミッシーは病気療養のためマサチューセッツの姉の家へ行ってしまった。ホワイトハウスに住んでいた側近のホプキンズは、再婚して新居へ引っ越していた。家族そろってのクリスマスは、こうした寂しさをしばし忘れさせた。

孤独なローズヴェルトをなぐさめることができたのは、エレノアではなく長女のアンナだった。息子のエリオットによると、「父は母といるよりもアンナといる時の方がリラックスできた」という。エレノアとは違い、ローズヴェルトがお酒を飲んでもアンナは嫌な顔をせず、何でも父の好きなようにさせた。ローズヴェルトはアンナに、クリスマスのあともここに残って、自分と一緒にいてほしいと懇願した。アンナはシアトルの新聞社で働いていたが、夫が北アフリカで従軍していたこともあり、子どもたちを連れてホワイトハウスへ移り住むことにした。父親を不憫《ふびん》に思っていたアンナは、毎日かいがいしく世話をし、秘書としての役割も果たした。

年末に開かれた記者会見では、久しぶりにニューディールに関する質問が出た。記者から戦時下でのニューディールについて問われると、ローズヴェルトは次のようなたとえ話を用いて答えた。アメリカ合衆国という内科的な疾患で苦しんでいる患者がかつており、「ドクター・ニューディール」が長い治療の末、病気を治してあげた。その後、今から2年前の12月7日に、この患者は事故にあい、腰、足、腕などに深刻なけがを負ってしまった。「ドクター・ニューディール」は内科が専門なので、患者を診ることができなかった。そこで、整形外科医の「ドクター・ウィン・ザ・ウォー」が治療にあたることになった。患者はまだ完治していないが、新しい医師のおかげで、再び自分の足で立てるまでに回復していると述べて、戦争の終結に向けて楽観的な見通しを語った。

ユダヤ人難民問題

国務省は1942年に入ると、ナチスがユダヤ人を収容所で大量殺戮しているという報告を受けるようになったが、その内容が真実であるとはにわかには信じがたかった。それが否定できない事実であることが明らかになっても、国務省は、ユダヤ人を救う最善の方法は、戦争を一刻も早く終わらせることであると主張した。ローズヴェルトは、イギリスに対して強制収容所へつながる鉄道を爆撃するように伝えたが、イギリス側は、軍事的な余裕がないとして拒否した。

こうした中で1944年の初頭に、財務長官のモーゲンソーは、ローズヴェルトにユダヤ人の虐殺に関する報告書を提出し、国務省がユダヤ人の救済に真剣に取り組んでいないことを強く非難した。その頃には、ヨーロッパでのユダヤ人の大量虐殺に関する報告書がかなり入ってきており、アメリカ政府に対する国際的な圧力も高まっていた。このような状況に直面して、ローズヴェルトはやっと重い腰をあげた。1月22日に大統領令を出して、戦争難民局（WRB）を設立した。ユダヤ人組織、中立国の外交官、ヨーロッパのレジスタンスの組織などと協力して、ナチスに占領されていない地域に避難しているユダヤ人の救出を進めることになった。

また、ニューヨーク州オスウィーゴのフォート・オンタリオに緊急避難民キャンプを開設し、ナチスの占領地にいるユダヤ人をそこに避難させ、保護した。WRBは、最終的に約20万人のユダヤ人と2万人のユダヤ人以外の人々の救出に成功した。しかし、ローズヴェルトがもっと早い時期に救済に乗り出していれば、さらに多くのユダヤ人がホロコーストを逃れることができたはずであり、この問題に対するローズヴェルトの対応の遅れについては、今日に至るまで多くの批判がなされている。

健康状態の悪化

2月末に連合軍はドイツに大規模な空爆を仕掛けた。6日間にわたり航空機工場などを攻撃目標にして遂行され、ドイツ軍は壊滅的な打撃を受けた。だが、こうした戦況の好転とは裏腹に、この頃、ローズヴェルトの健康状態はかなり悪化していた。秘書のタリーは、ローズヴェルトの動作が以前よりも明らかに緩慢になり、目の下がいっそう黒ずみ、がっくりと肩が落ちていると感じていた。タバコの火をつける時も、手が震えていた。毎日、午前中から疲れが見られ、うとうとすることが多くなった。

3月末には高熱を出した。しかし、主治医のマッキンタイアはインフルエンザだと診断し、数日間の安静を指示しただけだった。この時、アンナはエレノアに父の健康状態が悪いことを話したが、エレノアは興味を示さなかった。アンナは、もともと耳鼻科が専門であるマッキンタイア医師の診断を信用しておらず、大きな病院へ行って、専門医のもとで詳しい検査を受けるべきだと主張した。ローズヴェルトは気が進まなかったが、アンナに説得され、メリーランド州のベセスダにある海軍病院を受診することにした。

そこで担当医となったブルーンは、ローズヴェルトを一目見るなり、病状が予想以上に深刻だと判断した。呼吸が困難で、顔色が悪く、唇と爪《つめ》が青ざめていた。血圧も108／186と高かった。ブルーンは、聴診と心電図の検査をした。その結果、心臓が肥大し、左房室弁がうまく閉じていないことがわかり、うっ血性心不全という診断を下した。

このまま放置すれば、1年ももたない状態だとブルーン医師は見ていた。なぜ主治医のマッキンタイアはもっと早く気づかなかったのか、医師としての技量を疑った。1週間から2週間の安静と強心剤の投与が必要であり、酒とタバコを止め、食事は塩分を減らして消化のいいものをとるように指示した。ブルーン医師はマッキンタイアに、「ローズヴェルト本人に今の病状を率直に伝え、直ちに執務を減らすべきだ」と伝えたが、彼はそれを拒んだ。

その後、ローズヴェルトの体調は、何とか持ち直した。何よりも彼を勇気づけたのは、6月4日にローマが陥落し、6月6日にアイゼンハワーの指揮の下で、ノルマンディー上陸作戦が決行されたことだった。長い間練った第二戦線の形成が順調に進んだことで、戦争がいよいよ大詰めを迎えたことを実感していた。

連合軍がノルマンディーに上陸した日の夜、ラジオで国民に戦況を説明し、「我が国の誇りである息子たちのために」祈りを捧げるよう呼びかけた。

主よ、我らの息子たちは汝《なんじ》の祝福を必要としています。その道は長く険しく（中略）勝利はすぐにやってこないかもしれません。しかし、我々は何度でも挑戦します。主の恵みと我々の大義の高潔さによって、我らの息子たちは必ず勝利をつかむことでしょう。

4度目の出馬

この頃、ローズヴェルトは次の大統領選挙に出馬するか否か、決断を迫られていた。心身ともに疲れ果てており、健康上の問題があるという理由で出馬を断り、ハイド・パークの家で静かに暮らすことを望んでいた。大統領の任期が終わったらエレノアを世界旅行に連れ出し、これまで行ったことのない国に行ってみたいと考えていた。サハラ砂漠で灌漑《かんがい》や電化、森林再生に携わりたいという壮大な夢も語っていた。

しかし、戦況は大詰めを迎えており、ここで大統領が職を退くことは事実上、不可能だった。選挙戦が近づくにつれて、ローズヴェルトは出馬には気が進まないが、海外で勇敢に戦っている若者と同じように自分も「よき兵士」でありたいと口にするようになった。国民から、「我々の最高司令官」として続投することを求められれば、大統領候補としての指名を受けなければならないと考えていた。

ローズヴェルトにもしものことがあった場合を考えて、副大統領候補は慎重に検討された。最終的に選ばれたのは、ハリー・トルーマンだった。トルーマンはミズーリ州選出の上院議員であり、どちらかというと民主党の中では保守寄りで、ローズヴェルトとバランスがとれると判断された。大統領選への出馬を決めてからも、ローズヴェルトの心は常に戦況にあった。7月にシカゴで開かれた民主党全国大会にも出席せず、視察先のサンディエゴに向かう列車の中で指名受諾演説をした。

この直後にローズヴェルトは突然、発作を起こして倒れた。顔面蒼白《そうはく》になり、付き添っていた息子のジェームズに、「もうだめかもしれないよ。ものすごく痛む」と訴えた。ジェームズは医師をよぼうとした。しかし、ローズヴェルトは、何らかの消化器系の急性の痛みで、心臓とは関係ないから大丈夫だと制止した。休憩室でしばらく横になって休むと、顔色は戻り、痛みもおさまった。その後、何事もなかったかのようにオープンカーに乗り、沿道の人々に笑顔で手を振り、海兵隊の演習の視察に向かった。

その後、ローズヴェルトは、サンディエゴからボルティモア号に乗船しハワイへ向かった。ダグラス・マッカーサーとチェスター・ニミッツに会い、太平洋戦線の今後について話し合うためだった。ホノルルに到着すると、大観衆がローズヴェルトを出迎えた。太平洋では、島嶼《とうしょ》での戦いが終わりに近づいていた。1943年の初めに連合軍はガダルカナル島を獲得し、翌年には、マリアナ諸島の大半を占領した。ローズヴェルトのハワイ訪問の前にアメリカ軍はサイパン島で日本軍を制圧し、日本の本土爆撃のための足がかりを固めていた。

だが、対日作戦の進め方については、軍の内部で大きな意見の隔たりがあった。陸軍を指揮するマッカーサーは、フィリピンを日本軍から解放することが先決だと強く主張した。フィリピンの人々はアメリカを「母国」と見なしており、アメリカの助けを求めている。フィリピンが、日本軍に蹂躙《じゅうりん》されるのを、このまま放置するのは、軍事的にもモラル上も許されないとマッカーサーは信じていた。

それに対し、海軍を率いるニミッツは、フィリピンを迂回《うかい》して、台湾や中国沿岸部を攻撃してから、日本本土へ進軍することを主張した。ローズヴェルトは、対立する両者の間で司会者のように振る舞い、自分は中立を保ちながら議論させた。最終的には、フィリピンの解放にまず取りかかることになった。そして、10月下旬にアメリカ軍はマッカーサーの指揮の下、レイテ沖海戦で勝利を収め、その後、フィリピン奪回を現実のものとした。

ローズヴェルトは、ハワイ滞在中に軍の病院を慰問した。そこで、手や足を失った傷痍《しょうい》軍人のベッドをひとつひとつ回り、名誉の負傷を称え、障害に負けることなく、これからも強く生きるように励ました。そして、ポリオで動かすことができなくなった足を見せて、自分も同じ境遇にあることを伝えた。同行したローゼンマンは、この時、「ローズヴェルトが目に涙を浮かべているのを初めて見た」と回顧している。

ミッシーの死

ローズヴェルトはその後、船でハワイを発《た》ちアラスカへ向かった。その途上で、ミッシーが亡くなったという知らせが入った。3年前の発作から回復することなく、最愛のミッシーは、この世を去ってしまった。マサチューセッツ州のケンブリッジで行われた葬儀にはエレノアが代理で出席した。ローズヴェルトは、「忠実で労を厭わず、振る舞いと心の優しさから醸し出される魅力を持ち、自らの仕事に身を捧げた」とミッシーを称えた。ローゼンマンは、ミッシーの逝去に際して、「彼女はローズヴェルト政権の最重要人物のひとりだった。大統領に率直にものを言うことができる側近であり、不愉快な真実を告げたり、否定的な意見を述べたりすることを躊躇しなかった」と悼《いた》んだ。

最愛のミッシーの死去というショッキングな出来事が、ローズヴェルトにさらなる心労をもたらしたことは明らかだった。アラスカのアダック島の基地を視察したあと、ワシントン州のブレマートンの海軍工廠を訪れて演説をしたが、その最中に異変が起きた。聴衆は気づいていなかったが、演説が始まって10分ほど経った時、ローズヴェルトは胸に激しい痛みを感じた。何とか最後まで演説を終えて、退場したところで椅子になだれ込んだ。同行していたブルーン医師が直ちに診察したが、特段の異常は見られなかった。久しぶりにギプスをはめて、長時間、風が強い中、駆逐艦のデッキで立ったまま演説したので、足の血管が締め付けられて、それが狭心症を引き起こしたのだろうという診断だった。

第二回ケベック会談

1944年9月12日から、ローズヴェルトとチャーチルはケベックで会談した。その目的は、戦後処理について話し合うことにあり、なかでも敗戦後のドイツの処遇に多くの時間が割かれた。閣内から唯一参加したモーゲンソーが提示したいわゆるモーゲンソー案が議論の中心になった。

モーゲンソー案には、ドイツに対する懲罰的な措置が盛り込まれていた。まず、ナチズムを否定し、ドイツの非武装化を図ること、そして、ルール地方と隣接する工業地帯を国際管理地域とし、ドイツに二度と工業力を与えないようにするという内容だった。ローズヴェルトは、モーゲンソーの考え方に基本的に賛成していた。「我々はドイツ人に厳しくなければならない。それは単にナチスだけでなく、ドイツ人全体を意味している。ドイツ人を骨抜きにするか、あるいは二度とこのようなことを起こさせないようにしなければならない」と述べていた。

しかし、チャーチルは、この案に強く反対した。ドイツの賠償能力が削《そ》がれることを懸念したためであったが、ドイツ国民にも生活があると異議を唱えた。しかし、ローズヴェルトが、武器貸与法によるイギリスの負債を帳消しにし、多額の借款《しゃっかん》を提供することを持ちかけると、チャーチルは態度を一変させた。チャーチルは、「イギリス国民とドイツ国民のどちらかを選ばなければならないのであれば、私は自国の国民を選ぶ」と述べて、この案に歩み寄りの姿勢を見せた。チャーチルはその後、メモを提出して、モーゲンソー案にいくつかの修正を加えて承認した。

だが、ジャーナリストのドリュー・ピアソンが、モーゲンソー案をスクープし、新聞各紙がそれを報道すると、国内外で批判が高まった。ドイツは、反米・反ユダヤのプロパガンダにこのプランを利用し、徹底抗戦を呼びかけるようになった。モーゲンソーはユダヤ系であるため、ユダヤ人虐殺への復讐《ふくしゅう》だと見なされた。こうした強い批判を受けて、ローズヴェルトも再考を余儀なくされ、戦後ドイツの再建に関する協議は先送りされた。

1944年大統領選挙

1944年の大統領選挙は、南北戦争中の1864年以来の戦時下での大統領選挙だった。リンカーンと同じように、ローズヴェルトは最高司令官としての自分の役割を最大限にアピールしながら選挙戦に臨んだ。共和党の候補は、ニューヨーク州知事のトマス・E・デューイだった。

選挙戦の最初の演説は、9月23日にワシントンで行われた。この頃、巷《ちまた》ではローズヴェルトの健康不安説がささやかれており、側近たちも心配していたが、それを払拭《ふっしょく》するような素晴らしい出来だった。なかでも、演説で語られた愛犬ファラの逸話は、ユーモアに満ちており、聴衆を引きつけた。それは、次のような内容だった。視察旅行に同行したスコッチ・テリアのファラが、アリューシャン列島で取り残されてしまった。ファラがいないことに気づいたローズヴェルトは、駆逐艦を出して、ファラを救出に向かわせたと噂された。これは、多額の税金を使って、大統領が自分のペットを救ったという政敵からの批判だった。ファラは、この根も葉もない噂にすごく腹を立て、彼の「スコットランド魂は怒りに燃えて、以来、すっかり性格が変わってしまった」。ローズヴェルトは、愛犬を話題にして聴衆の笑いをとりながら、共和党が流布したと思われる噂を真っ向から否定した。

11月7日に行われた選挙の結果は、ローズヴェルトが2560万票（53・4％）を獲得し、36州で勝利した。対する共和党のデューイは2220万票（45・9％）で、12州を得たにすぎなかった。民主党は下院で20議席を増やし、上院で1議席を失ったが、両院で多数を維持した。

ローズヴェルトは、ハイド・パークの自宅で選挙結果が出るのを待っていた。当選の知らせが入ると、車椅子でポーチに出て、支援者の歓声に応えた。「もう4年間、ワシントンから時々ここへ戻って来るという生活が続くことになりました」と上機嫌であいさつした。ローズヴェルトの健康状態はよくなかったが、4選を果たして精神的には高揚していた。

4度目の就任

1945年1月20日は、雪に覆われた寒い日だった。そのため宣誓式は、連邦議会の階段部ではなく、ホワイトハウスの南ポーチで行われた。ローズヴェルトは帽子も被《かぶ》らずコートも着ないで、ジェームズの腕につかまりながら演壇に進み、ハーラン・ストーン判事の前で宣誓した。その後、ギプスをつけて立ったまま、雪の中で凍えながら待っていた群衆を前に5分足らずの短い就任演説をした。思想家のラルフ・エマソンを引用して、「友達を作る唯一の方法は友達になることだ」とし、疑いと不信感、あるいは恐怖をもってしては永続する

就任式の日に13人の孫とともに

平和を実現することはできない、確信に基づいた理解と信頼、勇気がなければ平和を手にすることはできないと述べた。戦時であるという理由で、華美な儀式を極力避け、パレードも行わなかった。

この時も、長時間、ギプスを装着したことによる痛みと脂汗が見られた。ジェームズは、「見るからに父は具合が悪そうだった。医者が何と言おうと、父の余命はもういくばくもないと感じた」とのちに語っている。ローズヴェルトも、自分の死期が近いことを悟っていた。就任式の前日には、ジェームズに遺言の内容を伝え、長年、大切にしてきた家紋が彫られた指輪を譲り受けるように言った。ホワイトハウスの執務室や居間に雑然と置かれていた私物もきれいに整理された。宣誓式には、13人の孫を全員出席させて、式典が終わると彼らを執務室に招き、「おじいちゃんが死んだら何が欲しい?」とひとりずつ尋ねた。そして銘々に希望する品を手渡し、大切にするように伝えた。形見分けだった。

ヤルタ会談

就任式の2日後、ローズヴェルトは、ヴァージニア州ノーフォークからクインシー号に乗船して、地中海のマルタ島へ向かった。マルタ島でチャーチルに会い、そこから飛行機でヤルタへ向かった。さらに着陸後、7時間も悪路を自動車で移動して、会談が開かれるリバディア宮殿に到着した。この長旅がローズヴェルトの死期を早めた。

会談は、2月4日に始まり、ローズヴェルト、チャーチル、スターリンは、毎日3時間から4時間、話し合った。さらに、昼食や夕食の時間に、追加的な話し合いが持たれた。会談の目的は、3巨頭で現在の戦況を確認し、勝利への最終段階に向けて作戦を練り、戦後世界を構想することだった。

その頃、東部戦線ではソ連軍がワルシャワを占領し、ブダペストを包囲して、ユーゴスラヴィアからドイツ軍を撤退させていた。ソ連軍はさらに東プロイセンを占領し、ベルリンから80キロのオーデル川に到達していた。西部戦線では、連合軍がバルジの戦いに勝利した後、ベルギーからドイツ軍を撤退させ、ライン川に接近していた。戦争の終結が、日に日に近づいていることは、誰の目にも明らかだった。

この会談の最も困難な問題は、戦後のポーランドに関するものだった。スターリンはポーランドを共産主義の国にすることを望んだが、ローズヴェルトはそれに反対した。結局、「解放ヨーロッパに関する宣言」を出して、民主的な代表を自由な選挙で選ぶことが定められた。これは、ソ連が際限なく都合のよいようにできるやり方であり、事実上、ポーランドを含む東欧諸国におけるソ連の支配を容認するものであった。側近は、この案を拒否するように忠告したが、ローズヴェルトは「今の時点で、私がポーランドのために最大限できることがこれだよ」と言い、それ以上の関与を避けた。ドイツについては、英米ソ仏の4か国で分割管理することが承認された。

国際連合の構想についても話し合われた。この問題については、前年の夏からダンバートン・オークスで開かれた会議で、すでに英、米、ソ、中の代表が検討しており、国際連合憲章の草案が作成されていた。会談では、安全保障理事会で常任理事国が拒否権を行使できるようにすることをスターリンが強く求め、最終的にそれが認められた。サンフランシスコで国連設立のための会議を近いうちに開いて、詳細について議論を続けることが約束された。

ローズヴェルトにとって最大の関心事は、ソ連の対日戦の開始であり、スターリンと個別に会談し、具体的な計画を話し合った。スターリンは、ドイツの降伏後、3か月以内に参戦することを約束した。そして、ソ連が支配している外モンゴルの現状を認め、樺太《からふと》の南半分をソ連に返還し、千島列島をソ連のものとすることが合意された。こうした取り決めは秘密協定とされ、中国に相談することなく決められた。

このような領土をめぐる取り決めは、帝政ロシア時代の植民地の権益を復活させることを意味しており、ローズヴェルトの植民地の解放という目的に反するものであった。しかし、ローズヴェルトの関心は、ソ連が対日戦に一日も早く踏み切ることだった。原爆はまだ実験が必要な段階で、使用できるかどうか定かではなかった。もし日本で本土決戦が行われることになれば、戦争はさらに長期化し、数万人のアメリカ兵が戦死すると予測されていた。それを避けるには、何としてもソ連の協力が必要だった。

会談の期間中、チャーチルとスターリンは、ローズヴェルトの体調がかなり悪そうなことを心配した。ローズヴェルトは大統領選挙の後、12キロも体重が減っており、長旅で疲労困憊していた。チャーチルによると、ローズヴェルトの顔は、「清められでもしたかのように透き通り、目はしばしばうつろだった」。だが、側近たちには、ローズヴェルトは普通に見え、特に健康状態を心配している者はいなかった。「我々の指導者は病気だが、有能であり」、会談を「いつものような熟練と感覚で取り仕切った」と見ていた。ブルーン医師も、血圧、心電図ともに変化はなく、気分よく、ロシア料理を楽しんでいるようだと思っていた。

最後の日々

帰国後、3月1日にローズヴェルトは両院協議会で演説した。いつもは、鉄製のギプスで下半身を支え、介助者の腕につかまりながら歩いて演壇へ向かったが、今回、初めて車椅子に乗って登壇した。ギプスの締め付けにより、また、体調が悪くなることを懸念してのことであった。

ローズヴェルトは開口一番、「今日は座ったままでご勘弁ください。足に5キロ以上もある鉄製のギプスをはめる苦痛には、もう耐えられないのです」と述べた。労働長官のパーキンズは、ローズヴェルトが自分の障害について公に語ったのはこれが初めてではないかと述べている。だが、その言い方がざっくばらんで、自分を哀れむような感じではなかったので、聞いている人が気まずくなることはなかった。

演説は、ヤルタ会談に関するものであり、1時間近く続いた。会談は、3巨頭による「平和のための共通の基盤を探る」ために行われた。利己的な行動、排他的な同盟、領土の所有など、「これまで何世紀にもわたり試されては失敗してきたシステムを終わらせなければならない」と述べた。そのためには、戦後、国際連合を中心に、戦後世界の平和が構築されていく必要があると主張した。これがローズヴェルトの生前最後の演説になった。

3月17日の聖パトリックの祝日には、40回目の結婚記念日をホワイトハウスで祝った。ごく内輪のディナーで、家族と親しい友人だけが招かれた。その後、ローズヴェルトはエレノアを伴って、静養のためにハイド・パークの自宅に帰った。29日にいったんワシントンへ戻り、翌日、ウォームスプリングズへ向かった。まだ寒さが残るワシントンを離れ、温暖なウォームスプリングズでしばらくゆっくりする予定だった。

その時点で、ローズヴェルトは以前よりも体重がさらに減り、食欲もなかった。しかし、ウォームスプリングズの気候は快適で、体調は徐々に回復した。顔色もよくなり、精神的にもよい状態になった。毎日午後には外に出て、近隣をドライブしながら、初春の田舎の風景を楽しんだ。

この頃、ローズヴェルトの心の中を占めていたのはヤルタ会談後のソ連との関係だった。スターリンは帰国後、ポーランド問題に関して、ヤルタ会談の決定に従うつもりはないという態度をとるようになっていた。そして、ポーランドの暫定政府をベースとした国を戦後に作ることに固執していた。こうしたスターリンの態度は、ローズヴェルトの意に反するものであった。チャーチルにもそのことを伝え、その後、スターリンに電報を打って、自分の考えを直接伝えた。

4月9日には、不倫関係にあったルーシーがウォームスプリングズへやってきた。エレノアは同行していなかったので、ローズヴェルトはほとんど毎日のように、ルーシーに電話をかけていた。二人の関係は、1920年にルーシーが他の男性と結婚したあとも、ずっと続いていた。ルーシーの夫が1944年に他界すると、二人は昔のように頻繁に会うようになった。この頃、ルーシーとの密会は十数回にも及んでおり、いつもアンナが二人のために手はずを整えていた。今回は、ローズヴェルトの肖像画を描くという目的で、ルーシーは画家のエリザベス・ショウマトフとともにしばらくウォームスプリングズに滞在することになっていた。

ウォームスプリングズで死の前日に撮られた写真

4月11日には、モーゲンソーがディナーにやってきた。モーゲンソーは、その時の印象を、ローズヴェルトが急速にやつれ、年老いたように感じたと述べている。グラスを持つ手は震え、記憶力も衰えていた。あれほど記憶力がよかったローズヴェルトが、何度も人の名前を混同したり、言いよどんだりした。椅子から車椅子に移るのも難儀した。モーゲンソーによると、「大統領は子どもの頃遊んだ、凍りついたハドソン川の素晴らしい眺めや、亡くなった友人たちのことばかりを話していた」という。

4月12日は朝からショウマトフに肖像画を描かせていた。ローズヴェルトは、赤いネクタイを締め、ダブルのスーツを着てポーズをとっていた。その間、書類にも目を通していたが、時折ルーシーと目が合うと、優しい微笑みを投げかけた。ショウマトフは、顔色がとてもよいと思ったが、それは脳内出血のサインであることに気づいていなかった。午後1時前に執事が昼食の用意をしにきた。ローズヴェルトは時計をちらりと見て、あと15分してから昼食にしようと言った。するとその瞬間、「ものすごく頭が痛い」と訴えて椅子から崩れ落ちた。重い脳内出血を起こしており、再び意識が戻ることはなかった。ブルーン医師が午後3時35分に死亡を宣告した。63年の生涯だった。

ハイド・パークに眠る

翌朝、ローズヴェルトの亡骸を乗せた霊柩車《れいきゅうしゃ》は邸宅を出て、ウォームスプリングズ財団のポリオ・リハビリセンターへ向かった。ポリオ患者の「仲間」たちに別れを告げるためだった。参列した「仲間」の多くは、小児麻痺を病む子どもたちであったため、これが何のセ

ホワイトハウスへ向かうローズヴェルトの棺

レモニーであるのか理解できずに、ただ棺に向かって無邪気に手を振っている者もいた。だが、愛するウォームスプリングズに莫大な私財を投じて設立したリハビリセンターは、ローズヴェルトが闘病を通じて培った不屈の精神を象徴する場であった。そこでリハビリに励む子どもたちに、自分の最後の姿を見せることができたのは、ローズヴェルトにとって望外の喜びであったに違いない。

その後、棺は大統領専用列車に載せられ、エレノアに付き添われてワシントンへ向かった。行く先々の駅や沿線には、何万人もの人々が詰めかけ、大統領の死を悼んだ。その多くが涙を浮かべ、自分の最愛の父を失ったかのような、大きな悲しみに打ちひしがれていた。

一夜明けて、列車はワシントンのユニオン・ステーションに到着した。そこから星条旗で覆われた棺は馬車に移され、兵士に護衛されながらホワイトハウスへ向かった。沿道には50万人が集まり、大統領に最後の別れを告げた。戦時中であるため、国葬の形はとらず、ホワイトハウスのイーストルームで、家族と関係者だけで簡素な葬儀が執り行われた。そして、再び棺はユニオン・ステーションに戻り、そこから専用列車でハイド・パークへ向けて出発した。

15日の朝に列車はハイド・パークに到着し、棺は自宅へ運ばれた。セント・ジェームズ教会のジョージ・W・アンソニー牧師によって短い礼拝が行われた後、亡骸は遺言に従って自宅の横にあるローズ・ガーデンに埋葬された。そこは、母が生前、丹精込めてバラを育てていた庭園であり、幼い頃からの思い出が詰まった場所だった。棺がゆっくりと地中に降ろされる間、兵士が礼砲を打ち鳴らした。愛犬のファラは、主人を追悼するかのように礼砲に合わせて吠《ほ》え続けた。

終章　ローズヴェルトの遺産

第二次世界大戦の終結を見届けることなく、ローズヴェルトはこの世を去った。もし、彼があと4か月、生きていたならば、戦争の最終段階でいかなる行動をとり、どのような言葉で連合国の勝利を宣言しただろうか。特に日本への原爆投下やドイツの戦後処理、米ソの関係などをめぐって、トルーマンではなくローズヴェルトが大統領として果たしえた役割を考えてみると、さまざまなシナリオが思い浮かぶ。

ローズヴェルトは、12年間の在任中に大恐慌と第二次世界大戦というふたつの危機に直面した。その危機の乗り越え方は、必ずしも完璧なものではなく、批判を浴びることも多かった。しかし、並外れた指導力を発揮し、国民を勇気づけながら、ふたつの危機に立ち向かった。彼の指導力を支えたのは、言葉の力であり、高いコミュニケーション能力で自分の考えを国民に伝え、信頼を勝ち取った。それによってローズヴェルトは、リベラルな民主主義を実践することと、国民をひとつのナショナル・アイデンティティの下に統合することに成功した。

ローズヴェルトの評価

アメリカでは歴代の大統領のランク付けがたいへん盛んであるが、ローズヴェルトは今日に至るまでアメリカ史上、最も偉大な大統領のひとりとして記憶されている。歴史家による評価でも、一般の人々による評価でも、初代大統領のジョージ・ワシントンと南北戦争を戦ったエイブラハム・リンカーンとともに常に上位にランクインしている。

なぜローズヴェルトは、これほど高い評価を獲得し続けているのだろうか。2017年にC-SPANが歴史家を対象に行った調査では、10項目について点数がつけられ、その合計点でランキングが出されている。総合順位では、リンカーンとワシントンに次いで第3位になっており、特に優れているとされているのは、国民に対する説得力、危機に際しての指導力、先見性、その時々の状況に合わせた行動力といった項目である。一方、評価が低いのは、あらゆる人々の平等の実現、経済運営、連邦議会との関係などである。

シエナ・カレッジが２０１８年に歴史家を対象に行った調査でも、全体的な評価でローズヴェルトは、ワシントンに次いで第2位になっている。高く評価された項目としては、リスクをとることを厭わない性格、想像力、リーダーシップ、コミュニケーション能力があげられている。それに対し、評価が低いのは、一貫性と知性の2項目である。

こうした調査の結果は、大統領個人の資質の問題と政策に対する評価が混在する傾向がある。特にローズヴェルトの場合は、20世紀半ばまで現職を務め、まだ比較的人々の記憶に新しい大統領であるため、ワシントンやリンカーンに比べると、そうした傾向が強いように思われる。

Ｃ－ＳＰＡＮの調査で指摘されている経済運営のまずさや、平等を実現するための取り組みが不十分であったこと、あるいはシエナ・カレッジの調査で低い評価が与えられている、一貫性の欠如や知性のなさについては、次のようなことが言える。

まず、ニューディールが政策としての一貫性を欠き、体系的でなかったという評価は、今日、歴史家の間では定着している。ニューディールは多くの矛盾をはらみ、政治的な妥協を繰り返しながら作り上げられた。ローズヴェルトは、きわめてプラグマティックな人物で、状況に応じて柔軟に考え方を変える政治家であった。そのため、実験的な政策に果敢に取り組むことができたが、その反面、ローズヴェルト自身にイデオロギー的な拠《よ》り所がなく、一貫性に欠けるという問題が見られた。

ローズヴェルトの経済運営に対する評価が低いのは、ニューディールが景気回復に失敗したことが最大の理由になっている。1937年の不況により、再び景気が後退し、最高裁判所の封じ込めによって、ローズヴェルトへの批判が高まったことで、ニューディールは実質的に支持を失った。結局、アメリカ経済が大恐慌以前の水準に戻ったのは、ヨーロッパで大戦が始まってからであり、軍需産業の急速な拡大によって、ようやくアメリカ経済は息を吹き返した。

ニューディールが大恐慌を克服することができなかった理由のひとつは、連邦政府の支出が十分ではなかったことにある。ニューディールの諸政策は、あくまでも財政的な自立性が原則とされ、1930年代の財政赤字はGNPの6%を超えることはなかった。ローズヴェルトは、民間需要の不足分を政府が補うことの重要性を説いたケインズ経済学を十分に理解せず、場当たり的な財政政策に終始していた。しかしその後、第二次世界大戦が始まると、軍事上の必要性から財政上の制約がはずれ、かつてない規模の財政支出が行われるようになった。1943年の連邦政府の財政赤字は53億ドルとなり、GNPの28%を占めるに至った。

第二次世界大戦以前の景気回復が限定的であったことは、経済的な平等化が進まなかったこととも関連している。ニューディールは、所得の再分配を十分に行わなかったため、国民の購買力が十分に拡大せず、景気の回復にはつながらなかった。ニューディールが社会経済的な弱者に多くの恩恵をもたらしたというイメージとは裏腹に、1920年代から1930年代にかけて所得分配はほとんど変わらず、構造的な不平等は解消されなかった。

その後、第二次世界大戦にアメリカが参戦すると、軍事費を調達するために所得税の課税ベースが広げられ、累進税率も強化された。所得の再分配が積極的に進められるようになり、軍需品を中心に生産が拡大したことで失業問題も解決し、戦時下において以前よりも平等な社会が出現した。

レーガンによる偶像化

先述のランキングでは、ローズヴェルトは、国民に対する説得力、危機に際しての指導力、先見性、状況に応じた行動力といった点で高く評価されているが、戦後のアメリカ大統領は、こうした点を模することで、ローズヴェルトを偶像化してきた。偶像化を進めてきた大統領には、民主党だけではなく、ニューディールに批判的な立場をとってきた共和党の大統領もいる。ここでは、ロナルド・レーガンとバラク・オバマを例として取り上げてみたい。

共和党の保守派を代表する大統領でありながら、在任中、ローズヴェルトを意識した言動が多かったのが、レーガンである。レーガンは、1980年の大統領選挙戦の時から、頻繁にローズヴェルトに言及していた。デトロイトで開かれた共和党大会で行った指名受諾演説では、「今こそ、ローズヴェルトが果たせなかった約束を果たす時だ」、「運命とのランデブー」といった発言をし、共和党員を驚かせた。こうしたレーガンの発言を受けて、『ニューヨークタイムズ』紙は、「フランクリン・デラノ・レーガン」という見出しで、彼の選挙戦を報じた。

大統領に当選後も「最初の100日」など、ローズヴェルトを思い起こさせる表現を多用した。レーガンにとってローズヴェルトは、幼い頃からのヒーローだった。快活で自信にあふれ、芝居がかった言動で国民を魅了する人物として、彼の心に焼き付いていた。

レーガンの両親は民主党の支持者であり、父親は失業して、ニューディールの救済を受けた経験があった。レーガンが初めて選挙権を得たのは、1932年の大統領選挙であったが、記念すべき最初の1票をローズヴェルトに入れている。また、レーガンは、1933年に最初の炉辺談話をラジオで聞いた日の感動をのちに語っている。戦後、俳優組合での活動を経て保守化し、共和党支持へと変わっていったが、それでもローズヴェルトは、彼のヒーローであり続けた。

レーガンの大統領就任時には、経済成長率がマイナスとなり、インフレが10%を超え、失業率が7％に上昇するという、非常に厳しい経済状況にあった。レーガンは、大恐慌に立ち向かったローズヴェルトに自分を重ね合わせ、深刻な経済危機を乗り越えようとした。経済再建法による財政赤字の削減や、連邦主義に基づく社会福祉プログラムの州・地方への委譲などについて、ニューディールのレトリックを都合よく援用し、政策としての正当性を主張した。

レーガンのローズヴェルトへの言及には、単なるイメージ戦略を越えたものがあった。レーガンは、ローズヴェルトが用いた「経済的なピラミッドの底辺にいる忘れられた人」という表現を模して、自分は「忘れられたアメリカ人のチャンピオンである」とアピールした。レーガンの言う「忘れられたアメリカ人」とは、郊外の住宅地に住み、家族のために懸命に働いている名もない人々であり、そうした人々が他人の便益のために重い税金を課せられていることが問題なのだとした。このようなアピールによってレーガンが目指したのは、1930年代のローズヴェルト連合のように、イデオロギーを越えて広く有権者の票を獲得することであった。

こうした戦略によってレーガンは、宗教右派を中心とした共和党保守派の支持基盤に、いわゆる「レーガンデモクラット」（レーガンに投票する民主党支持者）とよばれる新しい支持層を加えることに成功した。保守対リベラルという対抗軸を乗り越え、新しい政治的な連合を作り出すために、レーガンはローズヴェルトの偶像をうまく利用したと言うことができる。皮肉なことに、レーガンは、ローズヴェルトを模しながら、初めてローズヴェルト連合を切り崩すことに成功したのである。

オバマによる偶像化

一方、民主党のバラク・オバマは、上院議員時代から折に触れてローズヴェルトと自分を重ね合わせてきた。2006年の自著『合衆国再生』では、「ローズヴェルトは、この国を新しい社会契約へと導いた。それは政府と実業界と労働者の間で結ばれた契約であり、その契約が50年以上にわたる繁栄と経済的な保障を実現してきた」と述べている。オバマによると当時のブッシュ政権の下で、この社会契約は崩壊しつつあり、それを新しい時代のニーズに合わせていくことが、自分の責務であると考えていた。

2008年の大統領選挙では、1932年の選挙戦について詳しく調べあげ、リーマンショックの最中にある国民に楽観的な見通しを示すことが勝利の鍵であると考えた。オバマは、「恐れる必要はない」といった表現を多用して、リーマンショックによる不況に直面している自分を、大恐慌に立ち向かったローズヴェルトになぞらえた。また、イラクとアフガニスタンで戦争をしていたため、ヨーロッパ戦線と太平洋戦線を指揮したローズヴェルトの姿と自分を重ね合わせた。オバマが大統領選挙に勝利した直後の『タイム』誌は表紙にローズヴェルトの格好をしたオバマを載せ、「新しいニューディール」という見出しをつけた。

オバマ政権の1期目には、ニューディールを踏襲した政策が実施された。2009年に成立したアメリカ復興・再投資法は、政府が公的支出を拡大することで、景気の後退を食い止めるとともに、雇用を創出して失業者を支援した。さらに、オバマは、グリーンニューディールとよばれる環境エネルギー政策を打ち出し、地球温暖化対策や環境関連事業への投資により、不況を乗り越えようとした。いわゆるオバマケアも、ローズヴェルトが実現できなかった医療保険への加入を進めるものだった。2010年に「患者保護ならびに医療費負担適正化法」を成立させ、医療保険への加入を義務づけるとともに、保険料の支払いが困難な者には、政府が補助金を支給して加入を助けた。

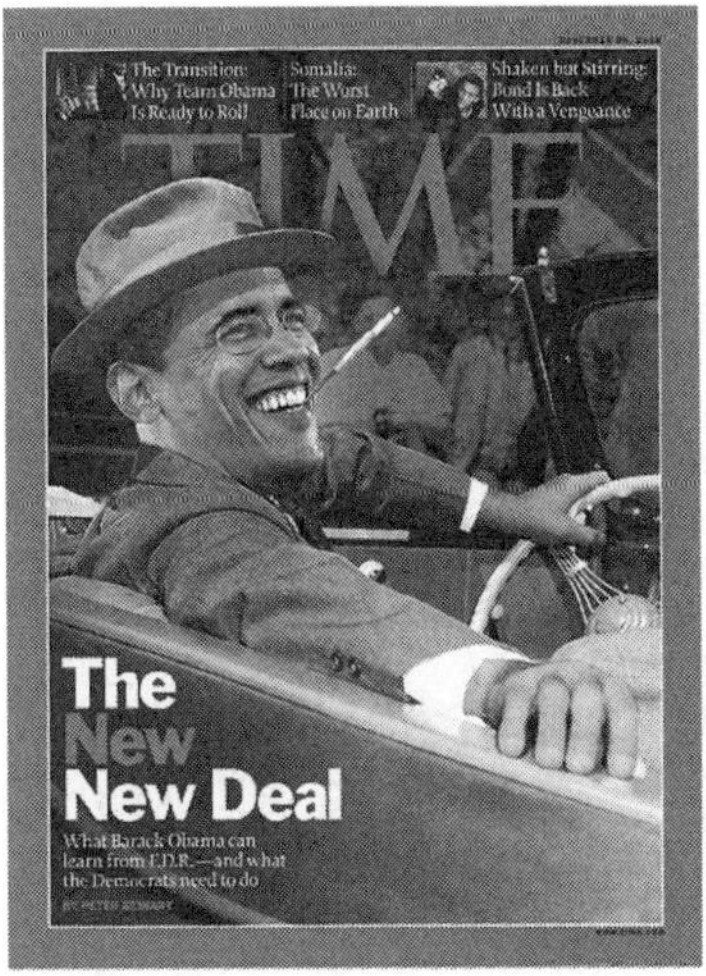

2008年11月24日の『タイム』誌の表紙

このようにオバマはローズヴェルトを偶像化するとともに、ニューディールの継承を強く意識した政策を実施した。しかし、こうした政策の成果が限定的であったことから、共和党や保守系のメディアやシンクタンクは、オバマの政策を「再びのニューディールの失敗」として厳しく批判した。彼らは、大きな政府、政府の市場への介入、財政赤字、増税といったものをニューディールに結びつけ、「ローズヴェルトの再来」を打ち出したオバマに強く反発した。そうした風潮は、2017年のトランプ大統領の誕生につながっていった。

大統領の「モデル」として

これまで見てきたように、人種平等の実現に向けたローズヴェルトの取り組みには限界があり、黒人をはじめとするマイノリティーの権利獲得において、大きな進展は見られなかった。また、日系アメリカ人の強制収容やユダヤ人難民の受け入れに際して明らかになったのは、ローズヴェルトが、人権の擁護よりも政治的な判断を優先させていたという事実だった。さらに、妻や愛人との関係から垣間見える彼のジェンダー観は、この時代の裕福な白人エリート男性のものだった。

こうした問題は、ローズヴェルトの死後、今日に至るまで、多くの研究者やジャーナリストによって指摘されているが、それでも彼の偶像化は、これからも進んでいくであろう。その最大の理由は、ローズヴェルトが、アメリカの理想を語ることで、国のあるべき姿と進むべき道を国民に示した大統領として、人々の心の中に生き続けているからである。

大恐慌と第二次世界大戦というふたつの危機の中でローズヴェルトが語ったのは、決して夢想的な理想ではなかった。彼が語ったのは、さまざまな挫折や苦難を乗り越えて獲得した人生観と先見性に裏打ちされた理想だった。たとえそれがすぐに実現しなくても、あるいは、周囲の人々がそれに異議を唱えようとも、自分を信じ、対話と説得を続けることが何よりも大切であることをローズヴェルトは身をもって示した。時代が変わろうとも、人々は、普遍的な理想を掲げる姿と、対話と説得をあきらめない人間性をアメリカの大統領に求めている。そうした意味において、ローズヴェルトはこれからも大統領の「モデル」であり続けるだろう。

おわりに

ローズヴェルトが、歴史的な大差で共和党現職のフーヴァーを破った大統領選挙から88年後にあたる今年、アメリカは再び深刻な「危機」に立ち向かう指導者を選ぶ選挙を経験した。今回の危機は、コロナ禍という未知のウイルスが引き起こした混乱と人々が作り出した社会の分断である。さまざまな憶測が飛び交う選挙戦を経て、アメリカの有権者が最終的に選んだのは、現職のトランプではなく民主党のバイデンだった。

多くの国民が、先行きが見えない不安や閉塞《へいそく》感の中で彼に希望を託し、アメリカの大統領選挙で史上最多となる票を投じた。勝利を宣言する演説で、「品位、公正、科学の力」を最優先すべき価値として掲げ、アメリカの理想を語るバイデンの姿は、1932年のローズヴェルトに重なるところがある。

人々が新しい大統領に望んでいるのは、これからの4年間を、ただ単に「脱トランプ」の時代にすることではないだろう。コロナ禍を乗り越えてアメリカを再生させ、新たな時代を切り拓いてくれることへの期待が、バイデンの勝利につながったと考えられる。バイデンがそれにどこまで応えることができるのかは未知数であるが、今は、彼に票を投じた有権者のみならず、世界の多くの人々が、新政権の誕生を待ちわびた88年前のアメリカ人と同じ気持ちでいる。

大学院でアメリカ史の勉強を始めてから、ローズヴェルトは常に私の研究テーマのどこかにいた。だが、最初に研究テーマとして選んだ「1935年社会保障法とニューディール」以来、1930年代から1940年代の政策や法律に焦点を当てる研究を主にしてきたため、政策決定や立法過程でのローズヴェルトの言動や、連邦議会との関係について検討することはあっても、ローズヴェルト自身の人間性や政治思想について詳しく考察する機会はこれまでなかった。

いつかローズヴェルトという人物に真正面から取り組み、一冊の書籍にまとめたいと思いながら、この数年間、少しずつ原稿を書きためてきた。ローズヴェルトが残した言葉を改めて読み直してみると、いろいろ新しい発見があり、本書の執筆にあてた日々は、原稿を書く苦しみよりも楽しみの方が多かった。また、近年、アメリカで出版されたローズヴェルトの伝記には、ポリオでの闘病生活や妻エレノアとの関係、愛人との交際などについて詳しく論じているものがあり、こうした書籍を手がかりに、政治家としてだけではなく、ひとりの人間としてローズヴェルトを多面的に評価することのおもしろさも堪能した。

かつて大学院生時代にニューディールを研究していると言うと、「現代的すぎる」とか「歴史ではない」とよく言われたが、それから30年以上経ち、歴史上の人物としてローズヴェルトを評価することにもはや何の躊躇もなくなった。本書でローズヴェルトの生涯を追い、彼の功績を自分なりに評価することができたことは、少し大げさではあるが、長年の夢が叶ったような感じである。

私がここまで研究を続けることができたのは、多くの先生方や研究仲間からの助言や励ましと家族の支えがあったからである。この場を借りて、日ごろの不義理をお詫びするとともに、感謝の気持ちを伝えたい。そして、本書の出版を快く引き受け、初めて新書を執筆する私に、いつも的確なコメントや助言をくださった中公新書編集部の田中正敏氏に心からの謝意を表したい。

2020年11月20日

佐藤千登勢

T. H. Watkins, *Righteous Pilgrim: The Life and Times of Harold L. Ickes, 1874–1952*, Henry Holt & Co., 1990.
Nancy J. Weiss, *Farewell to the Party of Lincoln: Black Politics in the Age of Franklin D. Roosevelt*, Princeton University Press, 1983.
Allan M. Winkler, *Franklin Delano Roosevelt and the Making of Modern America*, Pearson/Longman, 2005.
Nancy Beck Young, William D. Pederson, Byron W. Daynes, *Franklin D. Roosevelt and the Shaping of American Political Culture*, M.E. Sharpe, 2001.
J. William T. Youngs, *Eleanor Roosevelt: A Personal and Public Life*, Pearson Longman, 2006.

産経新聞「ルーズヴェルト秘録」取材班『ルーズヴェルト秘録、上巻、下巻』（産経新聞社、2000年）
新川健三郎『ニューディール』（近藤出版社、1973年）
────『ルーズベルト―ニューディールと第二次世界大戦』（清水書院、1984年）
仲晃『アメリカ大統領が死んだ日―1945年春、ローズヴェルト』（岩波書店、2010年）
中屋健一『ルーズヴェルト―恐慌・ニューディール・第二次大戦』（誠文堂新光社、1960年）

写真出典一覧

Franklin D. Roosevelt Presidential Library　pp. iii , 7, 8, 23, 32, 36, 55, 59, 65, 80, 85, 122, 132, 155, 168, 172, 205, 207, 223, 239, 245
Library of Congress　pp. 4, 83, 109, 125, 169, 201, 247
New York State Archives　p. 49
National Archives　pp. 82, 163
Time Magazine, November 24, 2008　p. 257

Robert N. Rosen, *Saving the Jews: Franklin D. Roosevelt and the Holocaust*, Thunder's Mouth Press, 2006.
Samuel I. Rosenman, *Working with Roosevelt*, Da Capo Press, 1972.
Hazel Rowle, *Franklin and Eleanor: An Extraordinary Marriage*, Farrar, Straus & Giroux, 2010.
Arthur M. Schlesinger, Jr., *The Crisis of the Old Order, 1919–1933*, Houghton Mifflin, 1957.（中屋健一監修、救仁郷繁訳『ローズヴェルトの時代　第１巻　旧体制の危機』論争社、1962年）
———, *The Coming of the New Deal, 1933–1935*, Houghton Mifflin, 1958.（中屋健一監修、佐々木専三郎訳『ローズヴェルトの時代　第２巻　ニュー・ディールの登場』論争社、1963年）
———, *The Politics of Upheaval, 1935–1936*, Houghton Mifflin, 1960.（中屋健一監修、岩野一郎訳『ローズヴェルトの時代　第３巻　大変動期の政治』論争社、1966年）
Stephen K. Shaw, William D. Pederson, Frank J. Williams, eds., *Franklin D. Roosevelt and the Transformation of the Supreme Court*, M. E. Sharpe, 2004.
Robert E. Sherwood, *Roosevelt and Hopkins: An Intimate History*, Harper, 1948.（村上光彦訳『ルーズヴェルトとホプキンズ』未知谷、2015年）
Harvard Sitkoff, ed., *Fifty Years Later: The New Deal Evaluated*, McGraw-Hill Inc., 1985.
Jean Edward Smith, *FDR*, Random House, 2008.
Henry L. Stimson, *On Active Service in Peace and War*, Harper & Brothers, 1948.（中沢志保、藤田怜史訳『ヘンリー・スティムソン回顧録』国書刊行会、2017年）
James Tobin, *The Man He Became: How FDR Defied Polio to Win the Presidency*, Simon & Schuster, 2013.
Rexford G. Tugwell, *The Democratic Roosevelt: A Biography of Franklin D. Roosevelt*, Doubleday, 1957.
———, *FDR: Architect of an Era*, Macmillan, 1967.
———, *In Search of Roosevelt*, Harvard University Press, 1973.
———, *Roosevelt's Revolution: The First Year*, Macmillan, 1977.
Grace Tully, *F.D.R.: My Boss*, Scribner's Sons, 1949.
Geoffrey C. Ward, *Before the Trumpet: Young Franklin Roosevelt, 1882–1905*, Harper & Row, 1985.
———, Ken Burns, *The Roosevelts: An Intimate History*, Knopf, 2014.
Susan Ware, *Beyond Suffrage: Women in the New Deal*, Harvard University Press, 1981.

Nathan Miller, *FDR: An Intimate History*, Doubleday, 1983.

Ted Morgan, *FDR: A Biography*, Simon & Schuster, 1985.

William D. Pederson, ed., *A Companion to Franklin D. Roosevelt*, Weley-Blackwell, 2011.

Dexter Perkins, *The New Age of Franklin Roosevelt, 1932–1945*, University of Chicago Press, 1956.

Frances Perkins, *The Roosevelt I Knew*, Viking, 1946.

Joseph E. Persico, *Franklin and Lucy: President Roosevelt, Mrs. Rutherford, and the Other Remarkable Women in His Life*, Random House, 2009.

Richard D. Polenberg, *The Era of Franklin D. Roosevelt, 1933–1945: A Brief History with Documents*, Bedford/St. Martin's, 2000.

Greg Robinson, *By Order of the President: FDR and the Internment of Japanese Americans*, Harvard University Press, 2001.

Eleanor Roosevelt, *The Autobiography of Eleanor Roosevelt*, Harper& Brothers, 1961.（坂西志保訳『エリノア・ルーズヴェルト自叙伝』時事通信社、1964年）

————, Rochelle Chadakoff, ed., *Eleanor Roosevelt's My Day: Her Acclaimed Columns, 1936–1945*, Pharos Books, 1989.

Elliott Roosevelt, *An Untold Story: The Roosevelts of Hyde Park*, Putnam, 1973.

————, *A Rendezvous with Destiny: The Roosevelts of the White House*, Putnam, 1975.

———— ed., *F.D.R.: His Personal Letters, 1928–1945, vol. I*, Duell, Sloan & Pearce, 1950.

———— ed., *F.D.R.: His Personal Letters, 1928–1945, vol. II*, Duell, Sloan & Pearce, 1950.

Franklin D. Roosevelt, *The Happy Warrior: Alfred E. Smith, A Study of a Public Servant*, Houghton Mifflin, 1928.

————, *Looking Forward*, Heinemann, 1933.（国政研究会訳『前途を待望して』国政研究会、1932年）

————, *On Our Way*, Faber & Faber, 1934.（大道弘雄訳『我等の行く道』朝日新聞社、1934年）

James Roosevelt, *Affectionately, F.D.R.: A Son's Story of a Lonely Man*, Harcourt Brace, 1959.

————, *My Parents: A Differing View*, Playboy Press, 1976.

Sara Roosevelt, *My Boy Franklin*, Long & Richard Smith, 1933.

Elliot A. Rosen, *Roosevelt, the Great Depression and the Economics of Recovery*, University of Virginia Press, 2005.

（砂村榮利子、山下淑美訳『フランクリン・ローズヴェルト　上巻　日米開戦への道、下巻　激戦の果てに』中央公論新社、2014年）
J. Gunther, *Roosevelt in Retrospect*, Harpers, 1950.（清水俊二訳『回想のローズヴェルト』早川書房、1968年）
June Hopkins, *Harry Hopkins*, St. Martin's Press, 1999.
David Kaiser, *No End Save Victory: How FDR Led the Nation into War*, Basic Books, 2014.
David M. Kennedy, *Freedom from Fear: The American People in Depression and War, 1929–1945*, Oxford University Press, 1999.
John B. Kirby, *Black Americans in the Roosevelt Era: Liberalism and Race*, University of Tennessee Press, 1980.
Eric Larrabee, *Commander in Chief: Franklin Delano Roosevelt, His Lieutenants, and Their War*, U.S. Naval Institute Press, 1987.
Joseph P. Lash, *Eleanor and Franklin: The Story of Their Relationship, Based on Eleanor Roosevelt's Private Papers*, W.W. Norton & Co., 2014.
William E. Leuchtenburg, *Franklin D. Roosevelt and the New Deal, 1932–1940*, Harper Torch Books, 1963.（陸井三郎訳『ローズヴェルト』紀伊国屋書店、1968年）
———, *The FDR Years: On Roosevelt and His Legacy*, Columbia University Press, 1995.
———, *The Supreme Court Reborn: The Constitutional Revolution in the Age of Roosevelt*, Oxford University Press, 1995.
———, *In the Shadow of FDR: From Harry Truman to Barack Obama*, Cornell University Press, 2009.
Lawrence W. Levine, Cornelia R. Levine, *The Fireside Conversations: America Responds to FDR during the Great Depression*, University of California Press, 2002.
Francis L. Loewenheim, Harold D. Langley, eds., *Roosevelt and Churchill: Their Secret Wartime Correspondence*, Saturday Review/Dutton, 1975.
P. J. Maney, *The Roosevelt Presence: The Life and Legacy of FDR*, Twayne, 1992.
George Martin, *Madam Secretary: Frances Perkins*, Houghton Mifflin Co., 1976.
Robert S. McElvaine, *Franklin Delano Roosevelt*, CQ Press, 2002.
George McJimsey, *The Presidency of Franklin Delano Roosevelt*, University Press of Kansas, 2000.
Kevin J. McMahon, *Reconsidering Roosevelt on Race: How the Presidency Paved the Road to Brown*, University of Chicago Press, 2003.

Blanche Wiesen Cook, *Eleanor Roosevelt, vol.1 1884–1933*, Viking, 1992.
———, *Eleanor Roosevelt, vol.2: The Defining Years, 1933–1938*, Viking, 1999.
———, *Eleanor Roosevelt, vol.3: The War Years and After, 1939–1962*, Penguin Books, 2017.
Robert Dallek, *Franklin D. Roosevelt and American Foreign Policy, 1932–1945*, Oxford University Press, 1995.
———, *Franklin D. Roosevelt: A Political Life*, Viking, 2017.
Roger Daniels, *Franklin D. Roosevelt: Road to the New Deal, 1882–1939*, University of Illinois Press, 2015.
———, *Franklin D. Roosevelt: The War Years, 1939–1945*, University of Illinois Press, 2016.
Kenneth S. Davis, *FDR: The Beckoning of Destiny, 1882–1928*, Putnam, 1972.
———, *FDR: The New York Years, 1928–1932*, Random House, 1985.
———, *FDR: The New Deal Years, 1933–1937*, Putnam, 1986.
———, *FDR: Into the Storm, 1937–1941*, Putnam, 1993.
Kirstin Downey, *The Woman Behind the New Deal: The Life and Legacy of Frances Perkins*, Anchor Books, 2009.
Thomas H. Eliot, *Recollections of the New Deal: When the People Mattered*, Northeastern University Press, 1992.
Jonathan Fenby, *Alliance: The Inside Story of How Roosevelt, Stalin and Churchill Won One War and Began Another*, MacAdam Cage, 2006.
Burton Folsom, Jr., *New Deal or Raw Deal? : How FDR's Economic Legacy Has Damaged America*, Threshold Editions, 2008.
Russell Freedman, *Franklin Delano Roosevelt*, Houghton Mifflin Co., 1990.（中島百合子訳『フランクリン・ルーズベルト伝―アメリカを史上最強の国にした大統領』NTT 出版、1991年）
Frank Freidel, *Franklin D. Roosevelt: The Apprenticeship*, Little Brown, 1952.
———, *Franklin D. Roosevelt: The Ordeal*, Little Brown, 1954.
———, *Franklin D. Roosevelt: The Triumph*, Little Brown, 1956.
———, *Franklin D. Roosevelt: The Launching the New Deal*, Little Brown, 1973.
———, *Franklin D. Roosevelt: A Rendezvous with Destiny*, Back Bay Books, 1990.
Doris Kearns Goodwin, *No Ordinary Time: Franklin and Eleanor Roosevelt, The Home Front in World War II*, A Touchstone Book, 1995.

主要参考文献

＊ローズヴェルトの伝記ならびに家族や側近の回顧録を中心に取り上げた。

＊ローズヴェルトの演説、放送、記者会見などの記録は、すべて下記の書籍に収録されている。本書の引用も、この書籍に基づいている。ローズヴェルト大統領図書館のホームページで、電子化された記録を閲覧することができる。

Samuel I. Rosenman, comp., *The Public Papers and Addresses of Franklin D. Roosevelt, 13 vols.* vols. I–V: Random House, 1938, vols. VI–IX: Macmillan, 1941, vols. X–XIII: Harper & Brothers, 1950.

Jonathan Alter, *The Defining Moment: FDR's Hundred Days and the Triumph of Hope*, Simon & Schuster, 2006.

Bernard Bellush, *Franklin D. Roosevelt as Governor of New York*, Columbia University Press, 1955.

Conrad Black, *Franklin Delano Roosevelt: Champion of Freedom*, Perseus, 2005.

Anthony J. Bodger, *The New Deal : The Depression Years, 1933–1940*, Macmillan, 1989.

John Braeman, Robert H. Bremner, David Brody, *The New Deal, vol.1: The National Level*, Ohio State University Press, 1975.

———, *The New Deal, vol.2: The State and Local Levels*, Ohio State University Press, 1975.

H.W. Brands, *Traitor to His Class: The Privileged Life and Radical Presidency of Franklin Delano Roosevelt*, Doubleday, 2008.

Richard Breitman, Allan J. Lichtman, *FDR and the Jews*, Belknap Press of Harvard University Press, 2013.

Alan Brinkley, *Voices of Protest: Huey Long, Father Coughlin and the Great Depression*, Vintage Books, 1983.

———, *The End of Reform: New Deal Liberalism in Recession and War*, Vintage Books, 1995.

———, *Franklin Delano Roosevelt*, Oxford University Press, 2009.

James MacGregor Burns, *Roosevelt: The Lion and the Fox*, Harcourt, 1956.

———, *Roosevelt: The Soldier of Freedom*, Harcourt, 1970.

Jeffrey W. Coker, *Franklin Delano Roosevelt: A Biography*, Longman, 2005.

Peter Collier, *The Roosevelts*, Simon & Schuster, 1994.

フランクリン・ローズヴェルト関連年表

	7月	連合軍がシチリア島に上陸
	8月	第1回ケベック会談
	11月	カイロ会談、テヘラン会談
1944	1月	戦争難民局（WRB）を設立
	6月	ノルマンディー上陸作戦
	7月	アメリカ軍がサイパン島を占領
	7月31日	マルガリーテ・“ミッシー”・リーハンドが死去
	9月	第2回ケベック会談
	10月	アメリカ軍がレイテ島に上陸
	11月	大統領選挙に出馬し四選される
1945	1月	政権の4期目が始まる
	2月	ヤルタ会談、アメリカがフィリピンを奪回
	3月	アメリカ軍が硫黄島を占領
	4月	アメリカ軍が沖縄本島に上陸
	4月12日	ジョージア州ウォームスプリングズで死去、ハリー・トルーマンが第33代大統領に就任
	5月7日	ドイツが無条件降伏
	7月	ポツダム会談
	8月6日	広島に原爆投下
	8月8日	ソ連が対日宣戦
	8月9日	長崎に原爆投下
	8月14日	日本がポツダム宣言を受諾
	9月2日	第二次世界大戦が終結

	6月　全国産業復興法（NIRA)、銀行法
	11月　民間労働局（CWA)、ソ連を承認
1934	3月　フィリピン独立法
	5月　キューバ・アメリカ関係条約
	6月　互恵関税法
1935	5月　再定住局（RA)、雇用促進局（WPA)
	7月　全国労働関係法（ワグナー法）
	8月　社会保障法、1935年中立法
1936	2月　1936年中立法
	4月18日　側近のルイス・ハウが死去
	5月　農村電化法
	11月　大統領選挙に出馬し再選される
1937	1月　政権の2期目が始まる、1937年中立法
	10月5日　隔離演説
	最高裁判所の封じ込めが失敗に終わる
	再び景気が後退する
1939	5月　セントルイス号事件
	6月　イギリスのジョージ6世が訪米
	9月1日　第二次世界大戦が始まる
	11月　1939年中立法
1940	6月10日　背後の一突き演説
	9月　選抜徴兵法
	11月　大統領選挙に出馬し三選される
1941	1月　政権の3期目が始まる
	3月　武器貸与法
	6月　独ソ戦の開始、公正雇用実施委員会（FEPC)
	8月　大西洋憲章
	9月7日　母サラが死去
	12月7日　真珠湾攻撃、アメリカが第二次世界大戦に参戦する
	12月　アルカディア会談
1942	1月　連合国共同宣言
	2月　日系アメリカ人の強制収容が始まる
	4月　ドーリットル空襲
	6月　ミッドウェー海戦、スターリングラードの戦いが始まる
	8月　ブラセロ・プログラムが始まる
	11月　連合軍が北アフリカへの上陸を開始する
1943	1月　カサブランカ会談
	5月　第3回ワシントン会談

フランクリン・ローズヴェルト関連年表

西暦	主な出来事
1882	1月30日　ニューヨーク州ハイド・パークで生まれる
1896	グロートン校に入学
1900	ハーヴァード大学に入学
	12月8日　父ジェームズが死去
1904	コロンビア大学ロースクールに入学
1905	3月17日　エレノアと結婚
1906	5月3日　長女アンナが生まれる
1907	ニューヨーク州の司法試験に合格
	カーター・レディアード・ミルバーン法律事務所に就職
	12月23日　長男ジェームズが生まれる
1909	11月　次男フランクリンが出生、夭逝
1910	9月23日　三男エリオットが生まれる
1911	1月　ニューヨーク州議会上院議員になる
1913	3月　海軍次官になる
1914	8月17日　四男フランクリンが生まれる
1916	3月13日　五男ジョンが生まれる
1917	4月　アメリカが第一次世界大戦に参戦する
1918	ルーシー・マーサーとの関係が公になる
1920	大統領選挙でジェームズ・コックスの副大統領候補になる
1921	8月　ポリオに罹患し下半身が不自由になる
1924	ジョージア州ウォームスプリングズでリハビリを始める
	6月　民主党の党大会でアル・スミスの応援演説をする
1928	11月　ニューヨーク州知事選挙に出馬し当選する
1929	1月1日　ニューヨーク州知事に就任
	10月24日　大恐慌が始まる
1931	10月　臨時緊急救済局（TERA）を設立
1932	11月　大統領選挙に出馬し当選する
1933	2月15日　暗殺未遂事件
	3月4日　第32代大統領に就任
	100日議会が始まる
	3月　緊急銀行法、経済法
	4月　市民保全部隊（CCC）
	5月　農業調整法（AAA）、テネシー川流域開発公社（TVA）、連邦緊急救済法（FERA）、証券法

佐藤千登勢（さとう・ちとせ）

1963年，新潟県生まれ．一橋大学経済学部卒業．一橋大学大学院経済学研究科博士課程中退，デューク大学大学院歴史学部博士課程修了（Ph. D.）．ハーヴァード大学客員研究員，筑波大学人文社会系准教授を経て，2015年より同教授．

著書『軍需産業と女性労働―第二次世界大戦下の日米比較』（彩流社，2003年，アメリカ学会清水博賞受賞）
『アメリカ型福祉国家の形成―1935年社会保障法とニューディール』（筑波大学出版会，2013年）
『アメリカの福祉改革とジェンダー――「福祉から就労へ」は成功したのか？』（彩流社，2014年）
など

フランクリン・ローズヴェルト
中公新書 *2626*

2021年1月25日発行

著　者　佐藤千登勢
発行者　松田陽三

本文印刷　三晃印刷
カバー印刷　大熊整美堂
製　　本　小泉製本

発行所　中央公論新社
〒100-8152
東京都千代田区大手町 1-7-1
電話　販売 03-5299-1730
　　　編集 03-5299-1830
URL http://www.chuko.co.jp/

Published by CHUOKORON-SHINSHA, INC.
Printed in Japan　ISBN978-4-12-102626-2 C1222

中公新書刊行のことば

一九六二年一一月

いまからちょうど五世紀まえ、グーテンベルクが近代印刷術を発明したとき、書物の大量生産は潜在的可能性を獲得し、いまからちょうど一世紀まえ、世界のおもな文明国で義務教育制度が採用されたとき、書物の大量需要の潜在性が形成された。この二つの潜在性がはげしく現実化したのが現代である。

いまや、書物によって視野を拡大し、変りゆく世界に豊かに対応しようとする強い要求を私たちは抑えることができない。この要求にこたえる義務を、今日の書物は背負っている。だが、その義務は、たんに専門的知識の通俗化をはかることによって果たされるものでもなく、通俗的好奇心にうったえて、いたずらに発行部数の巨大さを誇ることによって果たされるものでもない。現代を真摯に生きようとする読者に、真に知るに価いする知識だけを選びだして提供すること、これが中公新書の最大の目標である。

私たちは、知識として錯覚しているものによってしばしば動かされ、裏切られる。私たちは、作為によってあたえられた知識のうえに生きることがあまりに多く、ゆるぎない事実を通して思索することがあまりにすくない。中公新書が、その一貫した特色として自らに課すものは、この事実のみの持つ無条件の説得力を発揮させることである。現代にあらたな意味を投げかけるべく待機している過去の歴史的事実もまた、中公新書によって数多く発掘されるであろう。

中公新書は、現代を自らの眼で見つめようとする、逞しい知的な読者の活力となることを欲している。

世界史

e2

- 2050 新・現代歴史学の名著 樺山紘一編著
- 2253 禁欲のヨーロッパ 佐藤彰一
- 2409 贖罪のヨーロッパ 佐藤彰一
- 2467 剣と清貧のヨーロッパ 佐藤彰一
- 2516 宣教のヨーロッパ 佐藤彰一
- 2567 歴史探究のヨーロッパ 佐藤彰一
- 1045 物語 イタリアの歴史 藤沢道郎
- 1771 物語 イタリアの歴史Ⅱ 藤沢道郎
- 2508 貨幣が語る ローマ帝国史 比佐篤
- 2413 ガリバルディ 藤澤房俊
- 2595 ビザンツ帝国 中谷功治
- 2152 物語 近現代ギリシャの歴史 村田奈々子
- 2440 バルカン―「ヨーロッパの火薬庫」の歴史 M・マゾワー 井上廣美訳
- 1635 物語 スペインの歴史 岩根圀和
- 1750 物語 スペインの歴史 人物篇 岩根圀和

- 1564 物語 カタルーニャの歴史（増補版） 田澤耕
- 2582 百年戦争 佐藤猛
- 1963 物語 フランス革命 安達正勝
- 2286 マリー・アントワネット 安達正勝
- 2466 ナポレオン時代 A・ホーン 大久保庸子訳
- 2529 ナポレオン四代 野村啓介
- 2318 2319 物語 イギリスの歴史（上下） 君塚直隆
- 2167 イギリス帝国の歴史 秋田茂
- 1916 ヴィクトリア女王 君塚直隆
- 1215 物語 アイルランドの歴史 波多野裕造
- 1420 物語 ドイツの歴史 阿部謹也
- 2304 ビスマルク 飯田洋介
- 2490 ヴィルヘルム2世 竹中亨
- 2583 鉄道のドイツ史 鴋澤歩
- 2546 物語 オーストリアの歴史 山之内克子
- 2434 物語 オランダの歴史 桜田美津夫
- 2279 物語 ベルギーの歴史 松尾秀哉

- 1838 物語 チェコの歴史 薩摩秀登
- 2445 物語 ポーランドの歴史 渡辺克義
- 1131 物語 北欧の歴史 武田龍夫
- 2456 物語 フィンランドの歴史 石野裕子
- 1758 物語 バルト三国の歴史 志摩園子
- 1655 物語 ウクライナの歴史 黒川祐次
- 1042 物語 アメリカの歴史 猿谷要
- 2209 アメリカ黒人の歴史 上杉忍
- 2623 古代マヤ文明 鈴木真太郎
- 1437 物語 ラテン・アメリカの歴史 増田義郎
- 1935 物語 メキシコの歴史 大垣貴志郎
- 1547 物語 オーストラリアの歴史 竹田いさみ
- 2545 物語 ナイジェリアの歴史 島田周平
- 1644 ハワイの歴史と文化 矢口祐人
- 2561 キリスト教と死 指昭博
- 2442 海賊の世界史 桃井治郎
- 518 刑吏の社会史 阿部謹也